《爱国奋斗精神学习读本》系列丛书

为梦想插上科技的翅膀

企业家卷

《为梦想插上科技的翅膀》编写组　编

中国科学技术出版社

·北　京·

图书在版编目（CIP）数据

为梦想插上科技的翅膀. 企业家卷 /《为梦想插上
科技的翅膀》编写组编. -- 北京 : 中国科学技术出版
社, 2022.5

（《爱国奋斗精神学习读本》系列丛书）

ISBN 978-7-5046-8944-3

Ⅰ. ①为… Ⅱ. ①为… Ⅲ. ①企业家 – 生平事迹 – 中
国 – 现代 – 青少年读物 Ⅳ. ①K820.7-49

中国版本图书馆CIP数据核字（2020）第265394号

策划编辑	李　洁　齐　放
责任编辑	李　洁
封面设计	沈　琳
正文设计	中科星河
责任校对	吕传新
责任印制	徐　飞

出　　版	中国科学技术出版社
发　　行	中国科学技术出版社有限公司发行部
地　　址	北京市海淀区中关村南大街16号
邮　　编	100081
发行电话	010-62173865
传　　真	010-62173081
网　　址	http://www.cspbooks.com.cn

开　　本	710mm×1000mm　1/12
字　　数	86千字
印　　张	13.5
版　　次	2022年5月第1版
印　　次	2022年5月第1次印刷
印　　刷	北京博海升彩色印刷有限公司
书　　号	ISBN 978-7-5046-8944-3/K · 935
定　　价	68.00元

目录

包起帆

没有浅尝辄止　创新就在岗位

图 / 小熹工作室

文 / 谭旭东　宁丹蕾

20 世纪 70—80 年代，码头装卸木材都是以人力这种原始方式完成的。这种肩扛手提、人力捆扎的装卸方式，使得码头装卸险象环生、事故不断。有一次，包起帆去装卸木材的船舱里捆扎原木，他刚刚将原木用钢丝绳捆好，吊车的挂钩就突然启动上升。包起帆根本来不及反应，左手的大拇指连同手套一起被收紧的钢丝绳往上空拖去！十指连心，求生的本能促使他拼命挣扎，这才让大拇指脱离了手套。此时，他的左手大拇指已是血肉模糊，连骨头都看得到了。

　　1981 年，包起帆的 3 个工人兄弟又因装卸木头时出了事故而去世，3 个人年纪加起来不到 80 岁。这种事故频发的装卸方式引发了包起帆的思考。他下定决心一定要带着自己的伙伴们脱离这危险繁重的劳动。

　　包起帆认为只要不需要人去船舱，就不会有工人伤亡了，效率也会提高。码头

上的黄沙、石子能够用抓斗来抓，那原木是不是也能用抓斗来抓呢？但是这个想法很快就被否定了，领导们认为包起帆只有实践经验，缺乏理论知识，不放心他去做这项研究。不久，一个合适的契机出现了。改革开放给码头修理工包起帆带来了半工半读的机会，他把学到的知识用于工作，4 年后，包起帆拿到了大学文凭，回到南浦港务公司，当上了工程师。

"我做过 6 年码头装卸工，对工艺非常清楚，还有 4 年修理工，会电焊，会做机械工。现在大学毕业了，我有了文化知识，所以我只要拿自己的全部精力扑在上面，应该能够搞成功。"包起帆就是带着这样的信心，走上了科技创新之路。

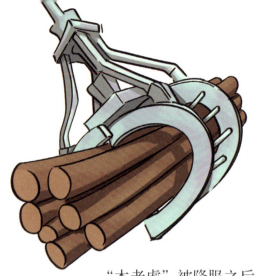

　　学成归来的包起帆得到了大家的全力支持。经过三年苦心钻研，翻阅各种书籍，他克服了无数困难，终于发明了木材抓斗，用智慧降服了这只"木老虎"。看着这项发明得到应用，包起帆十分欣慰，因为再也不用依靠人力装卸木材了，这从根本上保证了工人安全，后来这里很多年都没有再出现过伤亡事故。

　　"木老虎"被降服之后，包起帆并不满足，还有一件事一直埋在他的心中。过去的废钢需要靠人力搬，不仅浪费时间而且特别吃力，再加上废钢的灰尘特别大，等搬完从船舱出来时，全身都是灰。包起帆就在想，能不能研究一个像手指一样会动的生铁抓斗。后来，生铁抓斗真的被包起帆发明出来，他不仅开发出外倾式齿瓣结构的滑块式单索多瓣生铁抓斗、能像手指一样灵活动作的异步启闭废钢块料抓斗，还设计了一系列新颖的装卸工具，实现了装卸工艺流程的变革。从此，港口装卸从

人工劳作迈向了机械化。1993 年，生铁抓斗在法国巴黎国际发明展览会上获得金奖，一位评委称赞："他用一种非常简单的方法解决了要用复杂的方法才能解决的问题。中国人了不起！"

此后，包起帆的创新版图不断扩大，围绕码头自动化、信息化、智能化和节能减排的需求，在科技创新的道路上越走越远，越走越宽。

20世纪90年代，改革开放带来的红利期基本结束，国有大中型企业普遍遇到了前所未有的困难，发展停滞不前，上海港也不例外。不久之后，包起帆被请去龙吴港务公司当总经理。因为位置偏远，有时候港口三五天都没有船出现，甚至一周连一条船都很难保障。每天要亏损30多万元。没船没活儿干时，工人们就抱怨码头地段不好，有些垂头丧气。包起帆看到这样的场景急得像热锅上的蚂蚁，组织上把投资4亿多元的大企业交给他，1200名职工需要工作养家糊口，他怎么能双手一摊，束手无策呢？

　　必须要在产业转型中走出新路来，包起帆暗暗对自己说。当时，中国的集装箱全部是外贸的，如果想把青岛啤酒运到上海来，或是把上海的电视机运到广州去，就得散装运输。包起帆思考了一番，他想到中国的内贸可以自己来做啊。于是，中国水运史上第一条内贸标准集装箱航线开通了。那段时间，他四次去北京寻求交通运输部和相关单位的支持，八次到南方寻找有合作意愿的船舶公司、货主和码头，终于解决了设备、工艺、单证、计算机管理系统等方面的技术难题。虽然苦，但这条航线开通后，迅速形成燎原之势。内贸集装箱不仅搞活了龙吴码头，还带动了这个产业发展。如今，我国内贸集装箱已经遍布全国 50 多个港口，吞吐量突破 1.11 亿标准箱。

跨入 21 世纪，我国港口的发展风向又发生变化，包起帆被调到上海国际港务集团担任分管科技、装备和基本建设的副总裁。平台的变化给包起帆带来更广阔的视野，他决定带领集团一起搞革新，这一次他把目光对准了世界集装箱码头研究的最前端——集装箱自动化堆场上。他要研究如何能实现码头操控"无人化"，依靠高科技全面提升码头效率。 包起帆认为，一个人的价值不仅仅体现在自己取得多少成果，更在于能够带领和帮助更多的人成才，为国家为社会做出更大的贡献。为此，他努力创造良好的条件，让更多的职工加入创新团队。

以前很多人对自动化不理解，但社会进步总要有人做超前的事。作为分管技术的负责人，包起帆觉得他有这份责任带领团队一起向自动化"进攻"，而上海港在迈向世界第一大港的路上，技术不能落后，要跟上这个步伐。2001年，包起帆和外高桥一期的同事们系统地开展了现代集装箱码头智能化生产关键技术研究。研究期间，他们遇到了一个棘手的问题：龙门吊无法识别社会上各种各样的集卡。也就是说即使是世界上最先进的自动化码头也只能采用人工操作。但包起帆并未气馁，他和他的团队一遍一遍地进行实验，不断改进，最终攻克了这道难题。包起帆和他的团队建设了我国首座集装箱自动化无人堆场，在国际上首次解决了集卡快速自动装卸的技术难题。

龙门吊

指门式起重机，是桥式起重机的一种变形。主要用于室外的货场、料场货、散货的装卸作业。其金属结构像门形框架，承载主梁下安装两条支脚，可以直接在地面的轨道上行走，主梁两端可以具有外伸悬臂梁，具有场地利用率高、作业范围大、适应面广、通用性强等特点。

创办于1902年的巴黎国际发明展览会由法国发明者与制造者协会主办，是著名的巴黎国际博览会的一部分，每年举办一次。

2006 年，"集装箱自动化堆场及堆场装卸工艺"在第 95 届巴黎国际发明展览会上展览，这项成果以其先进的设计理念、过硬的技术系统、扎实的试验数据，获得了 25 位权威评委的一致赞赏，无可争议地为包起帆赢得了本次展览会的第一枚金奖。不仅如此，包起帆以"集装箱电子标签系统"等发明项目，在本次展览会上相继摘得了第二、第三、第四枚金奖，成为 105 年来在该展览会上一次获得金奖最多的人。巴黎国际发明展览会评委主席赞叹道"这将是一场改变人们运输方式的革命"。

同年，包起帆主持的罗泾二期散杂货码头建设，在世界上首次实现了公共散杂货码头与大型钢铁企业间的无缝隙物流配送新模式；首次实现了在我国港口深水岸线资源紧缺情况下的"一线三用"（一条岸线同时供公共码头、宝钢物料配送和华能电厂灰场共用），使工期从 4 年缩短到 2 年 2 个月，投资较批复工程概算节约了 7.7 亿元。此后，包起帆于 2009 年荣获世界工程组织联合会颁发的"阿西布·萨巴格优秀工程建设奖"，这也是中国工程界首次获得该殊荣。

包起帆的目光已不局限于国内，他注意到欧美国家长期掌控着制定国际标准的"游戏规则"，鲜有中国的声音，更不用说让拥有自主知识产权的中国发明进入国际标准。

　　国家空有技术，却无法在制定国际标准方面拥有话语权。包起帆认为，是时候了！我们也需要在这一领域的国际舞台上拥有一席之地——把自主创新的集装箱RFID管理方案推向世界。"不过，真进去了才发现'水'很深。"包起帆说，国际标准化组织集装箱技术委员会拥有一大批资深专家，首轮新项目提案投票就失败了，发达国家几乎都投了反对票。很多同事都劝他算了吧，可他不甘心。包起帆认为国际专家并非真的和他们过不去。他把各国专家请到了上海港，带领专家现场考察这些发明应用，做了大量细致的沟通和说服工作。不久后，第二轮项目提案投票成功了——ISO中央秘书处正式发文，任命包起帆负责领导制定该标准。

　　历经釜山、汉堡、巴黎、亚特兰大等13次国际会议的交锋和交融，2011年12月，ISO 18186终于在日内瓦ISO中央秘书处正式发布。它成为自我国1978年开始参与国际标准化组织活动以来，在物流、物联网领域首个由中国专家发起、起草和主导的国际标准。

包起帆说过，"创新就在岗位。"对他来讲，创新这条路是没有尽头的，他很享受在这条路上不断奔跑的过程。在一次访谈中他提到，"好的产品是工匠做出来的，好的服务也是工匠做出来的，如若我们的每一个产品、每一次服务都能达到世界一流的水平，那么在历史关头，中国的制造业将会有一个凤凰涅槃般的转变。"40多年来，包起帆与同事们共同完成了130多项技术创新项目，授权国家和国际发明专利50项。近几年，他利用在长江口进行疏浚工程时挖出的土在新横沙实施生态成陆项目，这对长江口生态的保护、对上海未来城市的发展都大有益处。

　　创新路漫漫，包起帆的创新脚步从未停止，他是怎样坚持下来的呢？包起帆的老同事王伟平曾讲述过一个故事：当时，虽然包起帆发明了木材抓斗，但是没有办

法在任意点上自如开合，这一点让他伤透了脑筋。不久后，包起帆去北京参加中国工会第十次代表大会，会上的圆珠笔带给他久违的灵感。圆珠笔的启闭结构让他眼前一亮：抓斗不也是开一下关一下吗？圆珠笔的伸缩原理能否移植到木材抓斗的启闭机构中呢？他三次去圆珠笔厂，拿到了图纸解开了谜团，抓斗的启闭系统得到改进。如果浅尝辄止、知难而退，就没有创新也就没有成功。其实，所有的技术革新都有一个破题、解题的艰难过程。

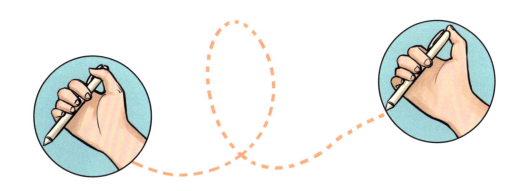

改革开放 40 余年，包起帆用一句话解开了许多年轻人的困惑——当下，我们需要做什么？靠一个人单打独斗，是干不成什么事业的，只有每个人为改革开放，为我们的国家奉献汗水，奉献智慧，这个国家才会越来越好。有记者曾向包起帆提问：您的经历能够复制吗？包起帆淡然回答道，创新就在岗位，始于足下。只要有岗位，人就应该创新。只有把创新做好了，你的工作才会有所作为。创新不问出身，像包起帆这样码头装卸工出身，也能够走到今天。我们要在改革开放再出发的路上继续前行，用自己的热情、智慧和汗水把本职工作做好，这样我们的国家才能有更大的进步。

　　2018 年 12 月 18 日，在庆祝改革开放 40 周年大会上，劳模发明家包起帆被中共中央、国务院授予"改革先锋"的光荣称号。不仅如此，他还曾先后获得过 5 次全国劳动模范奖章，9 次上海市劳动模范奖章。对包起帆来说，这些奖章是对他创新的鼓励和肯定，但他从未沉溺于奖章带来的荣耀。他认为，每获得一枚奖章，都是对过去工作的清零，要忘掉过去，重新出发。未来能不能再次获得奖章，要看之后所做的事情。

刘永好

希望常新　共享美好

图 / 小熹工作室

文 / 谭旭东　余茂婷

说到中国的杰出企业家，就不得不提到一个人——刘永好。他是现任新希望集团有限公司董事长。

　　刘永好小的时候，家里生活十分艰苦。每天早上五六点，10 岁出头的刘永好就必须起床去挑水，然后去捡煤渣，用一部分卖一部分。夏天涨大水时，他就会去河里打捞被洪水冲下来的树木、树枝；等洪水过去了，他就会去距离县城七八千米远的龙王庙河滩上捡被洪水冲刷过的木头。刘永好在回忆这些事的时候，自豪地说："我们家那时候从来没买过煤，都靠我去捡柴火和煤渣。"

　　十几岁的时候，刘永好因为长得快，已经穿不下以前哥哥们留给他的鞋子了，他索性经常光着脚，冬天就把那些破旧的鞋子裹在脚上保暖。

　　刘永好15岁那年跟着老师去北京接受毛主席的检阅，他特地在家里挑了一件最好的呢子衣服。这件衣服其实是父亲17年前在地摊上买的，摊贩说是英国进口的毛料，在刘永好的父亲和3个哥哥之间辗转交替地穿了17年才到了刘永好的手中。虽然早已看不出衣服原本的颜色，样式也不知道改了多少遍，缝缝补补了几十次，但刘永好始终把它当作宝贝一样。

　　阅兵仪式结束后，很多同学和老乡都在天安门广场上拍照，一毛五分一张。其实刘永好兜里有家里给的十几块钱，二哥让他买无线电器材，多余的部分给他自己花销，刘永好仍然舍不得。他站在那里羡慕地看着同学们欢天喜地地拍照。直到有个同学拉着他一起合影，他赤着脚，露出了笑容。

1969 年，读初三的刘永好以知青的身份插队到了顺江公社六大队四中队，当地没水没电、医疗设施差，连一条完整的公路都没有，老乡们都认为这里是一个"鸟不拉屎"的地方。

刘永好刚一来就碰到两个难题：一是挑担。村里的人一上来就是 150 斤以上，刘永好长得比其他小伙子都要高，不好意思担轻了，于是主动挑 170 斤的担子，连续挑了几天，他的腰都快要直不起来了。但是他没有半途而废，一直咬牙坚持着，几个月后，他已经能挑动 200 斤的担子，腰也可以直起来了。

第二个难题是做饭。农忙的时候，大家早上五六点就开工了，九点多回家吃饭，十点再上工继续干活。别人家都有人做饭，但刘永好没有。第一天干活，刘永好不知道中间只有半个小时的时间吃饭，饿得头昏眼花。多亏生产队的人不忍他挨饿，在屋外给他搭了个茅草棚和一个灶台，又放上一口锅，刘永好才得以做饭给自己吃。

　　有一年春节临近，刘永好琢磨着帮队里挣点钱，便拉了一台爆米花机回来。他和队长挑着设备，走街串巷卖爆米花。生意出奇的好，他们的小摊前面总是排着长长的队。他们起早贪黑干了三个月，最后一算，竟然赚了1000元，队长不敢相信自己和刘永好一起卖爆米花竟然能为队里赚那么多钱，他高兴地跟刘永好说："我给你记高工分，你的脑壳硬是聪明得很哦！"

　　刘永好这次在生意上的灵光一闪，虽然在他日后的商业成就面前不值一提，但可以说这是他做生意的开始。那一刻，他没有妄想自己的未来会怎样。后来，刘永好开玩笑说："这算是我的第一桶金吧，不过是为集体挣的。"

　　许多年以后，刘永好在某个大学与MBA学生座谈时谈到了这段经历："我当了四年零九个月的知青，我觉得非常荣幸，因为这段经历锻炼了我的意志，锻炼了我的心态，锻炼了我的身体。在农村能够学到很多东西，使我了解了中国的农民，了解了中国的市场，懂得了艰苦创业，我觉得这是非常重要的一课，是一定要上的。"

1980 年春节，刘永好的二哥刘永行为了让 4 岁的儿子能够在过年的时候吃上肉，就在马路边摆了一个修理电视机和收音机的地摊。从大年初一到初七这短短几天时间，赚了 300 元，在当时相当于他 10 个月的工资。

　　这次经历如同一颗重磅炸弹，在兄弟们的心里炸开了花。刘氏四兄弟一商量："既然能靠修理无线电挣那么多钱，我们是不是可以办一家电子工厂呢？"

　　对于学计算机的大哥刘永言、会修理家用电器的二哥刘永行，以及学机械的刘永好来说，生产电子产品并不是难事。很快，他们就生产出了中国第一台国产音响——新意音响。

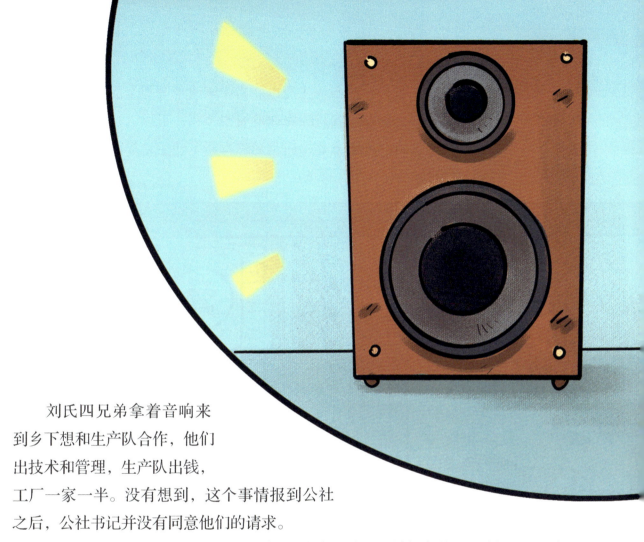

　　刘氏四兄弟拿着音响来
到乡下想和生产队合作，他们
出技术和管理，生产队出钱，
工厂一家一半。没有想到，这个事情报到公社
之后，公社书记并没有同意他们的请求。

　　当电器大王的梦想虽然破灭了，但这种敢想敢干的精神却推动了刘氏四兄弟日
后的成功。中国历来不缺乏有想法的人，但是极度缺乏将想法付诸实践的人，而刘
永好正是这样的人。

　　刘氏四兄弟是指刘永言、刘永行、刘永美（陈育新）、刘永
好。他们是中国改革开放初期最早一批辞去公职、投身商海的勇敢
者；他们凭借技术和头脑，短时间内令资产由千元变成千万元；他
们是家族式企业中颇为少见的"和谐式分家"；之后他们带着鲜明
的性格特征各自发展，成为中国富豪榜前列的常客。

刘氏四兄弟想做出一番事业的心从未变过。当中国改革开放全面起步，个体经济发展起来时，四兄弟开会商量，农村的农业发展很不错，可以尝试一下。从小在农村长大，又上过农学院的三哥刘永美（后改名陈育新）便主动提议自己率先辞掉工职回家，利用农村的房子搞一个良种场。

随后，陈育新和刘永好兄弟二人跑到县里找到当时的县委书记，问回乡创业行不行？

　　书记同意了他们的请求，但是提了一个条件："你们要带起 10 户专业户。"

　　这个没有问题，他们也是这么想的。吃了定心丸的兄弟们马上向银行申请贷款 1000 元，结果当头便是一盆冷水，银行拒绝了他们。四兄弟只好变卖了手表、自行车等家中值钱的物件，凑到了 1000 元，这才把良种场开了起来，开始养殖鹌鹑和小鸡。为了建厂房，刘永好从成都买回一批旧砖，由于道路狭窄，拖拉机无法进村，旧砖被卸到了 2 千米之外。刘永好带头，叫了几个农民兄弟帮忙，手抱肩扛，硬是把一车砖给搬了回去，把厂房建了起来。

良种场如期运行，未来可期。可刘永好没想到的是，仅仅几个月后，一场"灭顶之灾"骤然而至。有一天，一个外表憨厚的人找到他们，下了 2 万只小鸡的订单。刘氏四兄弟完全没有想过质疑他，当时就让他一次性拉走了 2000 只鸡，还向银行贷款 1000 多元，并向农民赊欠了不少钱，大量收购种蛋用以补齐剩下的 18000 只鸡崽。结果那个人带来的汇款单是空头支票，他的真实目的是倒卖鸡而不是养鸡。他去追款，发现之前交给这个人的 2000 只小鸡在运输过程中已经被闷死了。

　　刘永好和哥哥们有些绝望，他们甚至考虑过从岷江的桥头跳下去，或者隐姓埋名远遁他方。可是最终，他们还是决定留下来，不逃、不躲、正视并解决这个问题。想来想去，只能把种蛋和小鸡带到市场去卖。于是，他们连夜动手编起了竹筐。

　　刘永好回想当时初来乍到，农贸市场上的商贩都有自己的势力范围，寸土不让。但是，鸡崽无法带回去了，他只能向一位好心的大爷借了一个板凳，坐了一宿。直到第二天，他才终于找到了一个地方。他每天都是凌晨 4 点就起床，风雨无阻，蹬 3 个小时的自行车，赶到 20 千米外的农贸市场，再用土喇叭扯着嗓子叫卖，兄弟四人坚持了一个半月，瘦了十几斤，竟真的把 18000 只鸡崽卖完了。

在经历了"小鸡事件"后，刘氏四兄弟就不再养殖小鸡，开始养殖鹌鹑了。饲养鹌鹑面临的最大困难就是饲料的问题，市场上没有现成的鹌鹑饲料，只有鸡饲料。刘氏四兄弟在查阅了资料并拿着鸡饲料样品去化验之后，发现现有的鸡饲料里缺乏蛋氨酸和赖氨酸。他们查遍资料，发现蚕蛹的蛋白质含量很高，于是购买了蚕蛹，自己配了新的饲料。鹌鹑吃了这种新配方饲料，天天下蛋，且数量多、个头大、光泽度好。

最初，他们都是直接把鹌鹑蛋拿到市场上卖掉，慢慢地小贩已经消化不了这么多的蛋。于是刘永好在红旗商场开了一个鹌鹑蛋专柜，一天能卖出上千个蛋，收益在 70 元左右，而刘永好那时的月工资才 38.5 元。刘氏四兄弟通过改良鹌鹑品种、不断调配饲料、更新养殖标准，提高了鹌鹑的成活率，也通过模具、笼具的改善，优化鹌鹑养殖的流程，形成了规模化养殖。他们将鹌鹑蛋发往全国各地销售，育新良种场在鹌鹑养殖业有了一定的知名度。

　　除了鹌鹑蛋能为育新良种场带来财富，鹌鹑饲料也迅速成为一个财富增长点，这是刘氏四兄弟没有想到的。一开始，调配鹌鹑饲料完全是为养殖鹌鹑服务的，随着鹌鹑养殖业在新津地区的迅速升温，养殖户的数量增长很快，对鹌鹑饲料的需求也迅速火爆起来。1986年，育新良种场已经发展为拥有一个鹌鹑养殖场和一个饲料厂的规模，育新良种场鹌鹑存栏量达到5万只，饲料一年销售100吨，年产值达到了40万元。通过卖鹌鹑蛋、良种鹌鹑、鹌鹑饲料，育新良种场的利润率达到30%。

育新良种场的发展引起了社会和政府的关注。作为县里的优秀专业户代表，育新良种场经常被县里作为典型来表扬和宣传。这个当时年财政收入还不到 1000 万元的农业小县，通过大力发展鹌鹑产业实现了县域经济的第一次腾飞。在得到极大的社会肯定的同时，刘氏四兄弟也赚得了财富，1986 年年底，他们的总财富已经近千万元。在 20 世纪 80 年代的中国，"万元户"还是一个很荣耀的名称，而刘氏四兄弟在 1986 年就实现了日进万金。

育新良种场

1986年年底，鹌鹑养殖业在新津呈全城迅猛发展之势，不仅鹌鹑数量疯狂增长，相关产业也相应地蓬勃发展起来，很多鹌鹑养殖户都力争做产业上游——把简单鹌鹑养殖变为孵化场。市场有些失控了。尽管刘永好领导的销售体系已经把鹌鹑蛋卖向全国，但随着每天鹌鹑蛋的产量越来越多，市场出现饱和趋势。如果大家都在养鹌鹑，市场就会缺乏下游链条，迟早会崩溃。刘氏四兄弟商量了一夜，共同起草了一份《告全县人民书》。其大概内容是：感谢父老乡亲对养鹌鹑事业的支持，但目前的形势是鹌鹑产量过剩，如果鹌鹑数量继续增长，这个市场会很快崩溃。众多养殖户里，有人相信了刘氏四兄弟，但更多的人却是根本不相信，觉得他们想要独吞这个市场。

刘氏四兄弟连续开了几天的会，最终痛下决心：处理自家鹌鹑！把孵化设备转给农民使用，把优良的鹌鹑品种也转给农民，其余的一律宰杀！刘氏四兄弟显然是对自己下了"狠手"，鹌鹑养殖是他们的发家之本，这一下是断了自己的根本。几天之内，刘氏四兄弟把价值几百万元的鹌鹑处理殆尽，同时也放弃了一年数百万元的利润。

养猪希望富，希望来帮助。

　　刘氏四兄弟在忍痛处理掉鹌鹑之后，经过商量决定转战猪饲料产业，将"育新良种场"改名为"新津希望饲料厂"。这个决定源于刘永好有一次出差时无意的发现。有一次，刘永好在外地购买鹌鹑原料时，无意间了解到"正大"公司生产的猪饲料，其使用的原料与鹌鹑饲料差不多，但机器是从国外进口的，一斤饲料是三四斤大米的价格。于是刘永好跑了很多地方，在一家乡镇农机厂订购了小型的颗粒机。同时，大哥也在新津自行开发颗粒机，刘永好则着力准备颗粒机以外的一些配套设备设计。另一边，二哥和三哥致力于研究乳猪饲料的配方。

　　1987年9月18日，新津希望饲料厂的第一批乳猪饲料"希

望一号"正式出炉。这是纯"刘氏制造"的产品，它包含了太多的意义：中国第一个国产乳猪饲料、完全由国产设备生产出来的猪饲料、价格完全市场化的猪饲料……"希望一号"乳猪饲料一经推出就获得了市场的欢迎。新津希望饲料厂有育新良种场生产鹌鹑饲料的美誉在前，加上乳猪饲料几个月的成功试验，轻松取得了周边市场的认可。

刘永好大量利用墙头广告，慢慢改变农民对猪饲料的观念，用顺口溜式的广告语让饲料的消费者——农民一目了然。同时大量使用广播媒体，在四川的听众，随时打开收音机，总能在某一个频道，或省级电台，或市级电台，听到一个清亮的男声："养猪希望富，希望来帮助""吃一斤长一斤，希望牌奶猪饲料就是精"。就这样，"希望"牌饲料在川西地区快速火爆起来。

1994 年 4 月 23 日，已经功成名就的刘永好联合了 9 位民营企业家联名发出倡议《让我们投身到扶贫的光彩事业中来》，正式发起了"光彩事业"。"光彩事业"以广大非公有制人士和民营企业家为参与主体，将西部大开发作为重点，面向老少边穷地区和中西部地区，开发资源、兴办企业、培训人才、发展贸易，并通过包括捐赠在内的多种方式促进贫困地区的经济发展和教育、卫生、文化等社会事业的进步。

　　20 多年来，刘永好陆续在西昌、贵阳、大别山、林芝等地投资建立饲料厂，在贵州毕节投资 40 亿元发展煤化工，在甘肃金昌投资近 10 亿元组建聚氯乙烯工厂和硫酸钾大型涉农化工企业，在四川、重庆、云南等多个省市农村先后建立了 100 多个产业扶贫项目带动周边的帮扶工作，助力超过 10 万贫困人口增收脱贫。

　　在刘永好等人的示范作用下，中国"光彩事业"如星火燎原。"光彩事业"是一种"造血式"扶贫，而非"输血式"的捐赠。刘永好把"光彩事业"视为"体现社会责任感的事业"。他在汶川大地震时拿出了 1 亿元建立"新希望新农村扶助基金"，用于支持新农村建设帮助灾区群众恢复生产，再拿出一部分资金帮助和收养一些灾区孤儿，资助 100 个地震灾区的学生完成学业……刘永好在努力发展企业的同时走出了一条自己的公益慈善之路。

李东生

敢为人先　跨国并购第一人

图 / 小熹工作室　王厉害

文 / 谭旭东　蒋宇婷

1957 年李东生出生在广东惠州的东江边上，父母就地取名，唤他"东生"。

　　小时候的李东生不爱说话，就喜欢看书。当别的孩子都在痛快玩耍时，他就抱着一本厚厚的《林海雪原》，静静坐在一旁，心无旁骛地看书。从小学开始，李东生就是班里的学霸，每次考试都名列前茅。由于 1966 年起高考被取消了，李东生读完高中后只能去农场工作。1977 年 10 月的一天，他同往常一样在农场工作，他的高中语文老师骑了 15 公里的自行车到了农场，激动地通知他要高考了，还带来了一套高中课本。他内心的激动无以言表。

破旧的茅草屋里，李东生点着煤油灯，艰难复习着。外面刮大风，屋里刮小风，但他没有一刻松懈。1978 年，李东生以优异的成绩成功考入了华南工学院（今华南理工大学），就读无线电技术专业，成了 1977 年恢复高考后的第一批大学生。

　　短短两天考试，几张薄薄的试卷，给予了李东生第二次生命。一个内向的、热爱文学的孩子，最后选择就读理工科，而这一次选择专业的转折，决定了李东生不平凡的一生。

1982 年，刚刚大学毕业的李东生被分配到广东惠州的一家机关单位工作，但他更希望可以发挥自己的长处，学以致用。于是李东生不顾家人和朋友的劝阻，毅然放弃了人人羡慕的"铁饭碗"，转头去 TTK 家庭电器有限公司工作。这个凭借 5000 元借款起家，仅有 43 名员工的小公司正是后来声名远扬的 TCL。

　　虽然当时 TTK 家庭电器有限公司只是一家很小的公司，但李东生从不懈怠，总是全力以赴对待每一件事。他几乎每天晚上都在公司，一边读书，一边值班，一直工作到深夜 12 点。就这样，兢兢业业的李东生由一位维修生产设备的技术员，被提拔为总经理，最后甚至一跃成了 TCL 的董事长，李东生的命运也同这家公司牢牢捆绑在了一起。

　　中间还有一次考验。1997 年，李东生被推荐为惠州市副市长的候选人，但他志不在此，便毫不犹豫地拒绝了。或许李东生最大的优点便是坚守，认准了，就不顾一切去做，别的东西都无法动摇他。

李东生第一次出国考察是去飞利浦公司学习，参观后，接待员赠给李东生一个雕塑纪念品。飞利浦公司是做灯泡起家的，这个小小的雕塑见证了飞利浦公司从一个小作坊成为跨国巨头的百年成长历程。李东生郑重地接下了这份寓意深刻的礼物，并且暗暗下定决心，要亲手打造中国的世界品牌。

　　但是走向世界的目标在那时看来还太过遥远，因为国内市场的彩电行业竞争万分激烈。当时市面上除了TCL，还有康佳、创维等优秀的家电企业，凑巧的是，他们的负责人都是李东生的大学同学。他们是华南理工大学无线电77、78级的学生，

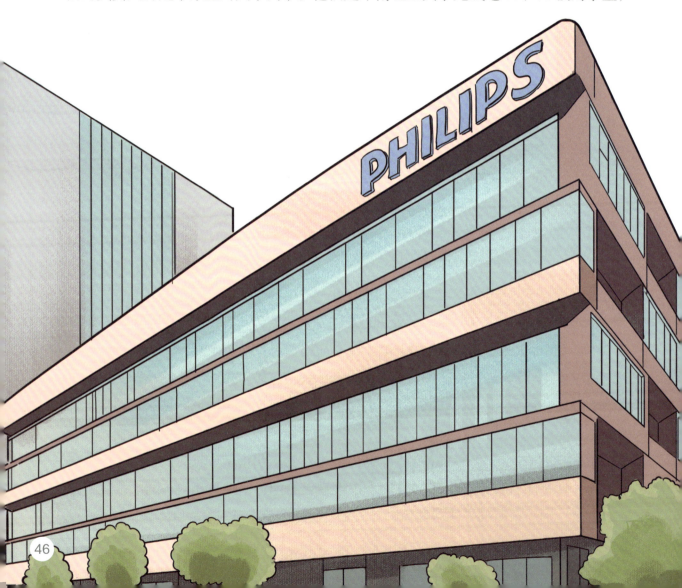

虽然毕业后各奔西东，进入了不同的企业，但都成了中国彩电行业的大佬。外界把他们称为"华工三剑客"，他们所在的班级也被评为中国的"超级班级"之一。

在这场漫长的竞争中，起初TCL并没有明显的优势，但李东生不慌不忙，稳扎稳打。随着TCL全球化布局的持续推进，李东生每年几乎都有两个月的时间在国外出差。有一天，在前往美国洛杉矶的路上，李东生走着走着，突然感觉脚下有什么东西拖拉着，他低头一看，原来是因为长时间赶路，皮鞋的后跟脱落了。李东生赶紧去买新鞋，他没有耗费时间挑选品牌、样式，而是迅速选了一双尺码合适的鞋换上，便又匆忙地投入了工作。

在李东生的不懈努力下，1999年，厚积薄发的TCL彩电销量终于排到了全国第一。

　　"第一个吃螃蟹的人是很令人佩服的,不是勇士谁敢去吃它呢?"李东生正是这样一位勇士。"国际化是必由之路",今天这句话似乎已经成为大家的共识,或许当初也有人萌生过类似的想法,但谁都不敢轻举妄动。就在大家犹豫不决、拿不定主意的时候,李东生勇敢地站了出来,成为"第一个吃螃蟹的人"。

　　2004年,在李东生的带领下,TCL先后成功并购了法国汤姆逊的全球彩电业务和法国阿尔卡特的手机业务,一跃成为全球最大的彩电企业。中国企业第一次在一个主流行业,成为世界第一,同时这也是中国海外并购史上的开创性举措。一时之间,李东生的名字享誉国际,风光无限。

　　第一个吃螃蟹的人,内心肯定经过一番挣扎,李东生风光并购的背后,想必也隐藏着不为人知的心酸。汤姆逊是法国的一家百年老店,曾经多年占据全球彩电业的霸主位置,它的创始人之一正是大名鼎鼎的"发明大王"爱迪生。对于TCL来说,这无异于"蛇吞象",但李东生凭借着不服输的劲头,一举拿下了这个庞大集团的彩电业务。并购之后,如何进行国际化管理、如何协调员工的工作,一个又一个问题接踵而至,李东生每天东奔西走,衣不解带,但他甘之如饴,沉浸在成功的喜悦中无法自拔。

平静海面之下，暗潮汹涌。迈入全球化的门槛之后，是一场艰险的攀登，山峰高险，稍有不慎就会跌入谷底，等待李东生和 TCL 的是一场决定生死的重大考验。

2004 年 11 月，在巴黎阿尔卡特总部大楼里，李东生感到寒意深入骨髓。一方面，摩托罗拉、诺基亚等先后向市场投放了超低价的手机，TCL 在手机市场上迅速失去优势；另一方面，全球彩电技术由显像管向数字、平板转移，这也意味着 TCL 花了大价钱从汤姆逊买来的技术成了行业的"弃子"。TCL 的产品突然就卖不出去了，短短 18 个月的时间，公司亏损了 18 亿。前所未有的损失让李东生的声誉跌入谷底，曾经《时代》周刊将他评为"全球最具影响力的

25 名商界人士"，而此时《福布斯》却毫不留情地发出自己的嘲讽，调侃他为"中国上市公司最差 CEO"。

巨大压力之下，李东生严重失眠，一个月时间就瘦了 20 多斤。李东生曾经想过离开，也想过做房地产救急，但最终他选择了坚守家电产业，并且凭借强大的恒心和毅力重新站了起来。

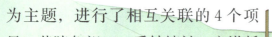

TCL行动的纲领——"三改造，两植入，一转化"

"三改造"是改造流程、改造学习、改造组织。从头开始，改造TCL的学习，要形成学习性组织。

"两植入"是指将TCL核心理念植入到人才评价和用人体系当中，植入到招聘和考评体系当中，总之，要将理念植入到操作的土壤当中。

"一转化"，是将企业的愿景和个人的发展结合起来，转化为组织和员工个人的愿景，员工才拥有动力。

2006 年，李东生在企业内部的论坛上发表了一系列名为《鹰的重生》的文章，在文中，李东生对自己和企业进行了深度的剖析和深刻的反省，并以此激励企业员工，从逆境中崛起，不惧挫折，向死而生。

《鹰的重生》系列文章的发表让 TCL 新的企业文化建设有了一个很好的开端，接下来需要更好地纵深拓展，以开花结果，落地生根。

李东生亲自带队，组织了150 位公司高层核心管理者共同参加"延安行"户外体验活动，率先进行了"鹰之重生"户外活动。以"恪守核心理念，成就全球领先"为主题，进行了相互关联的 4 个项目：黄陵祭祖——重铸精神；宝塔誓师——鹰之重生；高原穿越——磨砺意志；壶口放歌——燃烧激情。

四天三夜的共同经历和感受将大多数人凝聚在了一起。随后，约有600多名高层管理者参加变革创新动员大会及企业文化变革创新系列培训，并召开了千人誓师大会。通过多位高管共同分享企业文化变革的理念，沟通愿景，凝聚共识。

　　TCL文化的变革并不仅仅停留在口号上，而是执行到位。TCL行动的纲领归纳为"三改造，两植入，一转化"。这次TCL文化的变革带来最直接的效果是：坚定了TCL进行国际化的决心，提升了公司上下员工士气。

　　紧接着，李东生带领这支精神饱满、斗志昂扬的团队对TCL进行大刀阔斧的改革，他力排众议卖掉了TCL的电脑业务，集中力量，专注TCL的主要产业。2007年TCL不再亏损，实现盈利。

　　曾经有媒体问李东生："如果还有一次机会，你是否还会选择国际化并购这条路？"李东生的答案毫无疑问是肯定的，他说："如果还有一次机会，我会做得更好"。

"国际并购"挫折让李东生明白了"创新"的重要性。新技术的崛起，让并购得来的技术"一文不值"，风波过后，李东生立即制定了"技术创新"的发展道路。

　　他认为，TCL 彩电业务要做到全球领先，就必须在上游核心技术领域有根本性突破。慎重权衡各方面因素后，TCL 决定向半导体显示产业进军。

　　"汤姆逊项目遇到挫折还可以消化。如果折戟面板领域，TCL 就再无翻身之日。"面对这样一个投资远超"国际并购"的大胆决策，管理层内部出现了质疑声。

　　"创新就是试错，没人敢保证哪种创新一定正确，一定能成功。但是不尝试，哪里有机会？哪里知道行不行？"李东生站在会议桌前，身前是一张张面带质疑的面孔，但他没有丝毫怯懦，他的言语铿锵有力，一举一动无不让人信服。

　　在华星第一条生产线建设过程中，李东生亲自上阵，他四处搜罗人才，和技术人员商讨，一聊就是大半天。大约半年之后，李东生成功组建起了一支由 200 人组成的团队，他一边带领着团队彻夜奋战，一边奔赴各地，同合作伙伴反复协商。

　　2009 年，TCL 华星光电 8.5 代线液晶面板项目正式启动。此后的一连串结果，

甚至超出了李东生的预期：华星 t1 工厂在 2012 年完成爬坡后实现了"当年达产、当年盈利"。随后十余年间，TCL 陆续自建五条大尺寸产线（含在建的广州 8.6 代线）、三条中小尺寸产线（含 2021 年 12 月公示的武汉 6 代线扩产项目）。2018 年，在"庆祝改革开放 40 周年纪念大会"上，作为"电子产业打开国际市场的开拓者"，李东生被党中央、国务院授予"改革先锋"称号。2020 年，TCL 收购苏州三星产线，奠定了其在全球显示产业的领先地位。李东生也因此被国际信息显示学会（SID）授予 2021 年"David Sarnoff 产业成就奖"。

　　TCL 的变革创新还不止于此。2019 年，TCL 完成资产重组，拆分为 TCL 科技和 TCL 实业；2020 年，TCL 科技参与中环集团混改。至此，TCL 形成了以 TCL 电子为核心的智能终端事业群、以 TCL 华星为核心的半导体显示及材料事业群，以及以中环为核心的半导体与新能源材料三大业务引擎。

TCL能从一家简陋的小公司，成长为如今家喻户晓的跨国公司，李东生深深感恩时代，感恩国家。他知道，只有实体经济强大了，金融、服务业等才能有坚实的基础，中国的经济才能稳定发展，因此必须有更多的企业从事实体经济、从事制造业。

　　李东生的高中老师曾对他说："学理工科能投身实业，建设一国之基础。"李东生牢牢记住了，并且努力去践行。因此热爱文学的他最后选择了读理工科。大学毕业后，面对"铁饭碗"和"副市长"的诱惑，他也毫不动心，扎扎实实做实业，抬头看天，低头走路，心无旁骛。

　　虽然中间"走向国际化"这一步，遭受了前所未有的挫折，但他咬牙坚持了下来，始终没有放弃实业这条路。面对TCL的困境，有些人冷眼旁观，幸灾乐祸，他们不明白李东生的坚守，也远没有李东生的格局。

　　如果将TCL比作一艘在商海航行的大船，正是他的"实业报国梦"支撑着这位船长经历风雨、勇敢前行，奔向未来。一辈子，一件事，国际形势风云莫测，李东生笃信"强大的经济才能支撑一个强大的国家，实业是中国经济的脊梁。"致敬伟大的时代，李东生将携手TCL继续前行。

李书福

求新求变　放牛娃也有春天

图 / 小熹工作室

文 / 谭旭东　宁丹蕾

浙江省台州市是一个风景秀丽的江南水乡。这里走出一个放牛娃，他曾对身边人说，"汽车不就是四个轮子、两张沙发再加一个铁壳吗？"很多人把这句话当作笑话讲给别人听，但他并不在乎。许多年后，他不仅造出了汽车，还成立了吉利控股集团，在全球范围内管理多个汽车品牌，圆了亿万中国人汽车梦的同时，也为中国汽车行业赢得了尊严。他，就是吉利控股集团董事长李书福。

　　1963年，李书福出生于浙江省台州市。有一年暑假，李书福跑去给生产队放牛，一个暑假能赚6～10元，他第一次享受到通过自己努力赚钱的喜悦。初一那年，改革开放的春风拂面而来，他发现周围的环境发生了巨大的变化。以前不允许私人卖带鱼、螃蟹，但改革开放之后，私人也可以卖东西了。他用了两年时间提前完成了初中学业，考进路桥中学尖子班。高中还未毕业，他便开始规划参与市场经济活动。虽然人在学校，但是心早就飞往外面的世界了……

　　开个照相馆是李书福最初的梦想，但是刚进入社会闯荡的他并没有足够的资金实现这个梦想。于是他向父亲借了120元，买了一台手提照相机，骑着家里的自行车就开始走街串巷。很快，李书福凑够了开照相馆的启动资金。由于资金有限，这个照相馆几乎所有的设备都是他自己设计、制作的。后来，随着改革开放力度越来越大，李书福开始寻求新的机会。很快，他发现台州废旧电器市场比较发达，从废旧电器零件中分离金属铜、金属银、金属金进行家庭作坊式的生产，变废为宝效益不错。但没过多久，这项技术被别人学会了，再加上废旧零部件的成本越来越高，李书福进入了新一轮的转型。

随着改革开放的不断深入，国民经济条件逐渐好转，人民生活不断富裕起来，电冰箱开始进入普通人的家庭。李书福也注意到了这一商机，他先是自己琢磨为冰箱厂生产配套配件，在一个厂房中开了个小作坊，后来厂房被政府收回。几经周折，李书福的工厂最终"安家"在一个村庄的生产队仓库里，取名为"黄岩县北极花电冰箱厂"，他们生产的电冰箱零配件供不应求。后来，由于国家政策调整，李书福将自己的资产无偿送给乡政府，离开台州去深圳上大学。

　　1992 年，邓小平的"南方谈话"激励了一大批想要创业的青年，李书福也不例外。他的创业激情重新被点燃了。

　　团队重组，事业重新开始，李书福埋头研究装潢材料。不久，他们研发出中国第一张镁铝曲板，非常受市场欢迎。李书福的事业也渐渐有了起色。可是，命运仿佛很喜欢和李书福开玩笑，就在创业如火如荼进行的时候，团队的创新成果又被别人"学习"了去。李书福十分无奈，不得不放弃这个产业，此时他心里一直盘旋着的汽车梦又冒了出来。

　　从小李书福就幻想将来有一天自己也造出一台小轿车。但是，那时候的国家政策还没有放开，汽车行业不是那么容易进入的。李书福从来不是一个走他人之路的人，所以不准造大车他就选择造小车。他说干就干，向摩托车行业发起了进攻。在他的努力下，"浙江吉利摩托车厂"成功挂牌，吉利成为全国第一个生产摩托车的民营企业。李书福曾说，他为工厂起这个名字是希望"吉利"可以为他的事业带来"大吉大利"。结果李书福的创业真的"吉利"起来，他们生产的踏板式摩托车不仅在国内销售火爆，还出口至 22 个国家和地区。

　　装潢材料和摩托车生产的成功，进一步坚定了李书福的造车梦。

    "当李书福决定要研究、生产汽车时，没有太多的人相信。大家都认为中国在汽车工业领域已经没有优势，该领域早已被西方国家垄断了，中国企业只能与外国汽车公司合资或者合作才有可能取得成功。这是李书福决定开始造车时所遇到的窘境。但是他认为，中国不能没有自己的汽车产业。李书福认准一件事就决不退缩，因为他坚信自己的选择是正确的。1997年，李书福偶然听说四川一家汽车厂即将倒闭，当即决定和相关负责人商谈股份合作办厂。就这样，李书福踏进了汽车领域。

    "在汽车行业内有一句话，你恨谁就叫谁去造汽车，当然我要造汽车，不是因

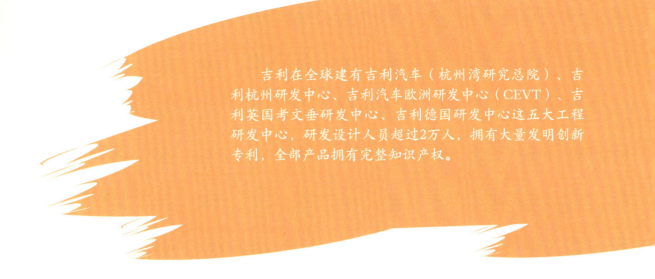

吉利在全球建有吉利汽车（杭州湾研究总院）、吉利杭州研发中心、吉利汽车欧洲研发中心（CEVT）、吉利英国考文垂研发中心、吉利德国研发中心这五大工程研发中心，研发设计人员超过2万人，拥有大量发明创新专利，全部产品拥有完整知识产权。

为谁恨我，而是我自己的选择。"决定造汽车后，第一个困难就摆在眼前——缺乏人才。李书福翻遍摩托车厂的员工档案，发现只有三个人符合条件，后来他们组成了研发团队，开始了造车之路。即使前方有千难万阻，李书福还是选择咬着牙一步一步迈向前方。

豪情汽车公司坐落在浙江省东部沿海的临海市城东经济开发区，占地56万平方米。它是吉利控股集团下属的汽车生产基地，也是一家生产汽车的公司。

经过不懈努力，吉利终于推出了自己在造车史上第一款真正量产的产品——豪情。哪怕这款车浑身上下充满了"拼凑"的痕迹，但李书福曾经夸下的"海口"，终于实现了。但是，最棘手的问题来了，他们生产的汽车没有"准生证"。在那个年代，没有"准生证"生产汽车是非法生产，不管投资多少资金都是收不回成本的。恰遇国家计划委员会主任赴台州考察，为了解决这个棘手的问题，李书福准备当面和他谈一

谈。李书福设法找到国家计划委员会主任，言辞恳切地说道："请您给我们一次失败的机会，让我们试一试。如果我们失败了，也不会让您为难，或者要求国家给我们补贴。如果我们成功了，我们可以向中国汽车工业提供一些经验。"主任听罢，讲了一句"我不反对你们造车"。就是这句话，让李书福看到了希望，有了做下去的信心。

2001年11月9日，中国在多哈会议上被接纳为世贸组织成员的前一天，吉利的豪情品牌第一次拿到了"准生证"，这是第一个民营企业的汽车产品登上了国家的汽车目录。这场跨世纪的民企造车梦想在那一天也终于实现了。

世界贸易组织（World Trade Organization），简称世贸组织（WTO），总部位于瑞士日内瓦，是一个独立于联合国的永久性国际组织，其职能是调解纷争。它是贸易体制的组织基础和法律基础，还是众多贸易协定的管理者、各成员贸易立法的监督者，以及为贸易提供解决争端和进行谈判的场所。该机构是当代最重要的国际经济组织之一，其成员之间的贸易额占世界的绝大多数，因此又被称为"经济联合国"。

2010 年 8 月 2 日，吉利完成了对沃尔沃汽车公司全部股权的收购，有人形象地将其比喻为"一位农村青年跨国迎娶北欧少女回家"。实际上，李书福收购沃尔沃汽车公司的想法早已有之。2002 年的一次内部会议上，李书福向员工宣布："我们要收购沃尔沃。"很多人把这句话当作玩笑看待，不以为然，但李书福下定决心一定要实现这个目标。

为了收购沃尔沃汽车公司的股权，吉利进入了新的战略转型阶段。李书福带领团队向外界宣布不打价格战，确立了"造最安全、最节能、最环保的好车，让吉利汽车走遍全世界"的企业目标。之后，李书福又带领吉利做了诸多准备，收购工作万事俱备，只欠东风。2008 年金融危机爆发后，全球汽车行业面临1929 年以来最大规模和最大强度的"严冬"，美国、日本等多个国家的汽车行业无法独自承受金融危机的沉重打击，纷纷下调预期销售目标，而中国汽车市场在政府的大力支持下，成为行业中的"一枝独秀"。正是这场全球金融危机给吉利创造了时机，最终吉利以 18 亿美元完成了这次收购计划，将沃尔沃汽车公司"娶"回了家。

2010年8月2日，浙江吉利控股集团有限公司宣布完成对沃尔沃汽车公司全部股权的收购。沃尔沃汽车公司正式落入中国自主品牌汽车企业旗下。

收购不易，融合更难。吉利收购沃尔沃汽车公司后，出现了很多中西文化间的"碰撞"。以汽车车型设计为主，沃尔沃汽车公司设计的车型多为简约款，不太符合中国人当时的审美，无法抓住中国消费者的购物心理，但是贸然让沃尔沃汽车公司完全改变原有的设计理念也是不现实的。怎样解决这个问题呢？李书福想到了一个巧妙的方法。他将沃尔沃汽车公司设计全球副总裁彼得·霍布里先生邀请到中国，带彼得去体验中国的文化。李书福给彼得一张中国古典音乐光盘，让他聆听中国经典音乐中的音乐语言。然后又给他看了一些中国人喜欢的月亮、太阳、太空、银河等图片，让他理解中国人的审美是什么。后来，彼得带领的团队终于设计出一款将中西文化融合并且符合中国人审美的车型。

人类的审美需求是一样的，但是具体到不同的国家和民族，他们的艺术表现形式是不同的。李书福要做的就是将中国的文化和西方的文化进行融合，要让中国用户接受，也要让世界用户接受。这样的管理理念，不仅加速了沃尔沃汽车的复兴，而且推动了吉利汽车的销量和品牌知名度提升。

李书福曾说过这样一段话：大樟树要移过来，小树苗也要种，两者才能形成一片森林。这片森林要根据自己的规划设计，让大樟树带着树苗成长，这样小树苗也可以成长为大樟树。

带着这样的想法，李书福在踏入汽车领域的同时也创办了第一所民办学校，他清楚地知道汽车行业极其缺少专业人才，只有不断为公司培养人才储备军，才能让吉利走得更加长远、长久。

吉利办教育既是一种责任，也是一种情怀；既是对教育事业的忠诚与向往，也是因地制宜，为吉利汽车工业发展提供人才保障。此后20多年，吉利先后出资建设了三亚学院、湖南吉利汽车职业技术学院等8所院校，涵盖从职

高到研究生不同培养层次，累计培养了 15 万名毕业生。李书福更是多次表示："实践证明，吉利教育事业为吉利汽车工业的发展提供了有效支撑。"经过多年的努力，这些小树苗在适宜的培育环境下，已为吉利提供了多名公司骨干。正如李书福所认为的那样，一片森林中全是大樟树也不行，那样不符合生态体系。

近几年，李书福又相继收购了多个汽车公司，如宝腾、戴姆勒等，有些人对此非常不解，为什么还要再去收购这些老牌汽车公司呢？李书福认为，如今汽车行业面临着巨大的变革，在收购这些公司的同时可以确保公司未来能够自主选择一条技术路线，正确地安排自己的商业计划。正如汽车行业流行的那句话，汽车是智能空间移动终端。但是具体怎样实施，靠一家公司单打独斗是不行的，需要所有公司联合起来一起创新改变。

李书福就是在这样的求新求变中，不断提高吉利的上限和可持续发展能力。2017年，吉利推出高端专车出行服务。同时，吉利还致力于融合铁路网、互联网，组建智慧立体化出行生态，在经济全球化背景下李书福不断探索着新的发展道路。也许，未来汽车行业仍面临众多困境与挑战，仍有很多未知等待李书福去探索，但是"认准一个方向，坚定一个信念，提炼一种精神，凝聚一股力量，完成一个使命"的企业文化始终支撑着他，他相信在求新求变中发展，未来一定有无限的可能。

黄 立

在硝烟中摘取中国红外"芯"

图/小熹工作室

文/谭旭东 宁丹蕾

　　1963 年的夏天，伴随着一声响亮的啼哭，黄立出生于古城西安的某个小村庄里。6 岁时，由于父亲工作的需要，黄立全家从西安搬去了武汉。在部队大院里，黄立的心底逐渐萌发出一颗种子——要在军事科技领域闯下一片天。黄立曾回忆自己的童年，那时在部队大院里的孩子对这些军事科技有一些天然的爱好，父母会订一些他们喜欢的杂志，比如《航空知识》。而且他特别喜欢动手去做一些东西，甚至说去创作一些东西。黄立小时候自己动手做了一个气动船，他当时觉得这是一个非常有趣的过程，也是因为这样，他开始有了自己的梦想。受到部队环境的熏陶，黄立逐渐明确了自己的努力方向。但是，空有梦想却没有理论知识，那梦想便只能是梦想罢了……

气动船

　　船尾竖着两个大大的鼓风机，靠空气动力推动船前进，不用担心水下障碍物，即便遇到浅水中较高的泥滩，也可一"跃"而过。它主要应用于水上、冰面、平坦草地等地形结构的交通运输、救援行动，或野外探险考察。

　　但是，当时社会盛行"读书无用论"，在这样的大背景下，黄立错过了许多本该学习的时光。每每回忆这段时光，他都充满遗憾："我小学毕业应该是 1975 年。准确来说，在 1976 年上初二前，自己没有像样地读过书。"黄立的父母似乎注意到了孩子内心的想法，他们主动要求调入华中工学院（华中科技大学前身），只为给黄立提供一个良好的教育环境。黄立的科技梦终于遇到了合适的"培育"环境，这颗种子开始萌芽……

  1980 年，黄立以高分考入当时华中工学院最好的专业电信系。进入大学后，黄立并未松懈，他深知没有足够的知识底蕴，只能空谈梦想。因此，黄立每一节课都听得很认真，有时还会记下老师讲错的地方，下课之后再和老师去探讨。就这样不缺一堂课，上课认真听讲，4 年下来，黄立的成绩全班第一，并成了班上仅有的两名研究生之一。

  研究生毕业那年，由于黄立在学校的出色表现，他被湖北省电力局研究所录取，成为一名高级工程师。黄立很清楚，对于自己而言，当前阶段便是要积累足够的社会实践经验，所以他几乎每天都"泡"在研究所里，不断做实验，而这一"泡"就是十余年。黄立记得，当时他们经常为了做一个设备的实验，进实验室后就不能离开。有一次，他整整 4 天没有离开过实验室，白天就让同事带饭或者面包，晚上睡觉也是守在实验室。

十余年的光阴转瞬即逝，此时的黄立已成为研究所的中层干部，积累了足够经验的同时手里也有了一些积蓄，他觉得是时候去辞职创业了！完成自己的儿时梦想！20世纪90年代末，在国企电力系统上班是份很不错的工作，单位给黄立分配了160多平方米的大房子，收入也比普通的工作单位高出几倍，所以黄立的辞职令很多人不解。有人曾问他原因，黄立想了想说，"我认为人生还是需要做一些有价值的事情，特别是在专业和技术方面我有很多自己的创新想法，我很希望把它变成现实。"

　　黄立在成立武汉高德电气有限公司之初就将基调定得很高，他认为做企业一定要具有国际视野，要具备在国际上立足的决心。所以，黄立选中了中文音译和英文音译相契合的词——GUIDE，即高德。高德寓意着他创办的企业要在自己的领域走到国际的前列，但是现实情况似乎并没有黄立想的那般美好……

　　公司最初的注册资本只有30万元，这也是黄立的全部积蓄。但光是购买国外的元器件就需要好几万元，所以即便花光整个公司的注册资本也做不了几台机器。不过，他并没有气馁。

汉高德红外有限公司

公司初期只有十几人，要想研发出一台机器，人手显然是不够的。这时的黄立一人分饰多角，既是公司的总经理，又要作为工程师和同事一起铆足了劲儿研发技术，机器生产出来后，黄立还和下属一起四处奔波去售卖他们的产品。那时候公司请不起人，推销机器也遇到了棘手的问题。他们研发的产品一般是在电力系统应用，但是大部分电力公司对这些新技术并不了解，所以就必须去变电站实际测量给他们看，而机器重达上百斤，再加上路途遥远，一趟下来需要花费不少的力气。

不过，挥洒出去的汗水并没有白费，高德在传统的电力系统市场上进行了一定的资金积累，然后又把这些资金进一步投入核心技术的研发上，积极开展红外光学、成像电路、图像处理等方面的设计与研究，开发出上百款拥有完全知识产权的红外热成像系统及高科技光电系统，渐渐地在市场上脱颖而出。黄立似乎望见了远方那一束胜利的光芒。

红外探测器芯片

红外探测器芯片是红外设备的核心，其探测敏感度越高、能够反映的温差越细微，则探测的精准度越高。根据红外探测器应用领域的不同，红外探测器芯片可被分为民用红外芯片、装备的非制冷型红外芯片、高端军用制冷红外芯片三种，被应用在医疗、国防、安防等多个领域。

2003 年年初，黄立做了一个重要决定，签约了 1000 个红外热成像探测器芯片订单。因为技术垄断的原因，这些芯片只能从法国进口。当时，进口的程序相当复杂，并且一次性购买 10 个、100 个与 1000 个芯片的单价相差很多，深思熟虑后黄立决定大批量采购。他清楚，这笔资金对于公司来说是一笔不菲的数目，但是他认为红外热成像产品应用范围会比较广泛，能在很多地方发挥重要作用，因此他决定赌一把。

2003 年 4 月，一场突如其来的"非典"席卷中国。"非典"暴发后，疫情防控的难点在于人群流动。"非典"的显著特征是发烧，而红外热成像技术刚好可以在非接触的情况下进行体温探测，可以显著地看到人群中谁的体温过高。在这种情况下，高德的红外热成像产品大显身手，在抗击"非典"的前线发挥了重要作用。当时首都机场里共有国内外 11 家企业的红外产品并列放在那里免费使用，但首都机场退掉了其他的国内外各厂商的免费样品，仅购买了高德的产品。原因只有一个，高德的产品是最优秀的。"我们为成功抗击'非典'做出了贡献，社会也成就了高德。"黄立说。

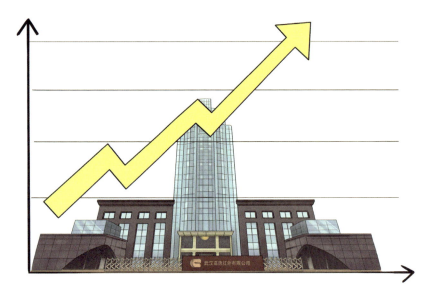

武汉高德红外公司蓬勃发展，黄立几乎投入了全部资金在红外热像仪高端产品领域，带领公司在产量、效益、规模上不断实现突破，成为唯一进入全球红外热成像行业排名前五的中国企业。黄立不仅把兴趣做成了事业，还在科技创新这条路上不断突破。作为这个技术领域的长期研究者，黄立深知红外热像仪还有很大的发展空间。但红外热像仪最核心的部件——红外探测器芯片技术被西

方国家所垄断，并受到各方面严格的限制。黄立下定决心，核心技术是命脉，再难也要握在手中！

2010 年，高德红外成功上市。得到资本市场的资金支持后，高德红外加大了对红外探测器芯片的研发力度。那是一段十分艰难的苦日子，黄立十分感谢资本市场，让他们有足够的实力和底气去攻坚克难。如果单靠公司自己的积累，实现技术突破的时间一定会拉得更长，不确定性更大。

2015 年，黄立成立研发无人机的公司，并在荷兰广播电视设备展览会上发布了全球首款折叠式无人机，他再一次突破了自己。

黄立曾说，如果没有创新，就不会有未来，只要我们坚持自主创新、聚焦实业、聚焦创新，就能实现梦想，为社会、为国家做贡献。

高德红外热成像设备

高德公司主要红外热成像设备有：

①高德TK手持式红外热成像夜视仪，是一款专业的手持式红外热像夜视仪，具有开放式图像画质调节、平滑放大、概略测距、画中画等多种操作功能，可根据不同场景定制个性化的观测画面；

②高德PS系列高性能红外热成像仪，PS系列产品采用全新一代的非制冷红外焦平面探测器，可提供更清晰的红外图像和更高的测温精度；

③车载热成像避障系统，提供前方400米范围清晰红外热图像，提升驾驶员视野范围，智能识别前方90米外的行人和150米外的车辆等。

　　有人曾劝黄立，"研发红外探测芯片是国家该投资的事，你一个民企没有必要折腾，如果研发最后的结果不成功，你半辈子的积蓄乃至企业的前途，就全搭在里面了。"

　　芯片研发到底有多困难呢？黄立这样形容，高端的制冷型红外探测芯片，它的整个技术链条可能达到两三百个工艺步骤，从设备到工艺再到技术、人才乃至原材料，想要打通完整的技术链条是很困难的。更艰难的是，这个技术链条环环相扣，如果有一个环节没有做好，整个器件相当于白做了。那段时间里黄立经常整宿睡不着觉。在这样艰巨的条件下，黄立和他的团队咬咬牙还是坚持下来。8年后，高德红外终于在国产化红外热成像探测器芯片技术方面取得了全面的突破。回忆起那些年天天和技术人员在一起攻克每个重要研发节点，黄立不无感慨："曾经有一百次想放弃，但一觉醒来工作还是要继续，为了实现梦想，我们没有退路。正是这种背水一战的决心，让我们最终取得了成功。"

2020 年年初，新冠肺炎疫情的暴发令很多企业措手不及，武汉众多企业都处于停工状态，抗疫有关的设备库存严重不足。这时，高德红外挺身而出，在做好防疫措施的前提下，高德红外的员工从春节开始就 24 小时轮流加班工作，只为生产出更多设备，筑起疫情防控的第一道防线。黄立表示，生产的设备可以 24 小时不间断地

监控医护人员的体温，一旦有人出现发热等异常状况，就能第一时间发出预警，为他们争取到宝贵的治疗时间，同时防止新冠病毒在医院内部的进一步蔓延。作为武汉本土企业，也作为特殊防疫产品生产的企业，高德红外熬过了疫情的焦灼和生产的压力。

在这个过程中，黄立不断践行着自己的人生目标：要做这个时代号召的有灵魂、有本事、有血性、有品德的高科技民营企业。2020年7月，黄立在北京参加了习近平总书记主持召开的企业家座谈会，并作为民营企业家代表发言。他说道："正是由于坚持不懈地推进自主创新，高德红外才取得了今天的成绩。今后，我们将继续沿着这条路走下去，去攀登更高的高峰。"

南存辉

行稳致远　"正泰"腾飞

图 / 小熹工作室　王厉害

文 / 谭旭东　蒋宇婷

南存辉于 1963 年出生在浙江省乐清市柳市镇。儿时记忆中的家是碎石片垒成的墙壁、茅草盖成的屋顶、竹帘遮挡的门……因家境贫困，南存辉从小就帮着家里劳作补贴家用。

　　11 岁时，发生了一件小事，令他深受感触。父亲让他把家里的两箩米糠挑到街上去卖，临走的时候千叮咛万嘱咐："1 元 5 角一斤。"南存辉点点头，示意自己记住了，他挑着米糠到街上，在烈日之下整整站了一上午，但一个买家也没有。中午时分，他又累又饿，这时好不容易有个买家走了上来，问道："这个米糠怎么卖？"南存辉按照父亲的交代报了价格，没想到那人十分吃惊："别人都卖 1 元 2 角一斤，你怎么卖那么贵？"

　　南存辉开始怀疑是不是自己家的价格定高了。因没办法求证，为了早点回家，他只好自作主张，经过一番讨价还价，最终以 1 元 3 角一斤的价格成交。

　　回到家，南存辉把钱交给了父亲，一五一十地向父亲做了汇报，还特别自豪把米糠卖了个好价钱，父亲无奈地笑笑说："别人卖的是粗糠，我们家卖的是细糠。我们的质量比他们好很多，所以要比别人卖贵一些。"经过这件事，南存辉懂得了以质定价、一分钱一分货的道理。

　　南存辉的父亲用朴素的言行教会了儿子什么是"以质定价"，什么是"诚信"，而这也影响了南存辉的一生。

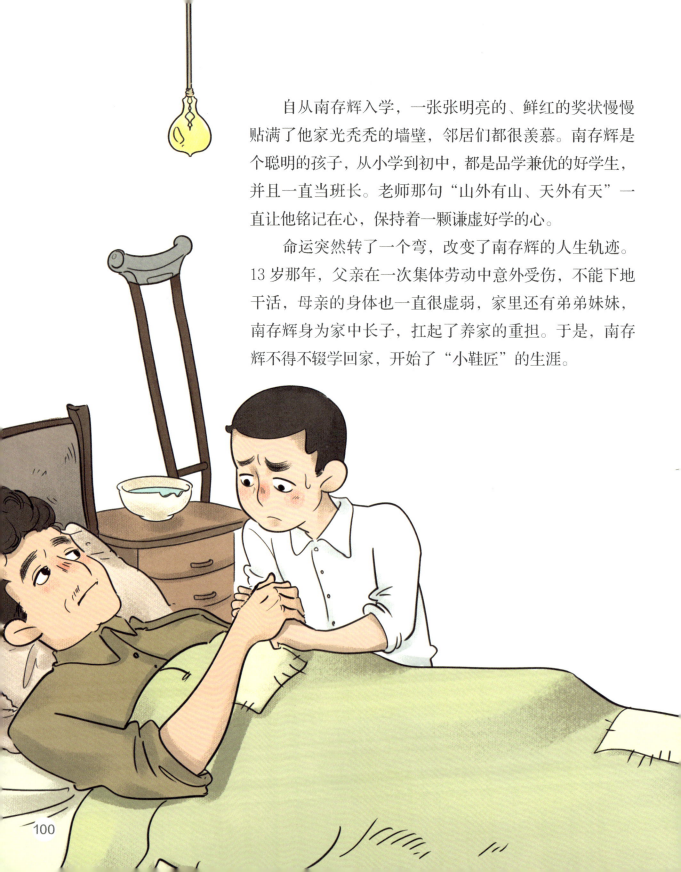

自从南存辉入学，一张张明亮的、鲜红的奖状慢慢贴满了他家光秃秃的墙壁，邻居们都很羡慕。南存辉是个聪明的孩子，从小学到初中，都是品学兼优的好学生，并且一直当班长。老师那句"山外有山、天外有天"一直让他铭记在心，保持着一颗谦虚好学的心。

命运突然转了一个弯，改变了南存辉的人生轨迹。13岁那年，父亲在一次集体劳动中意外受伤，不能下地干活，母亲的身体也一直很虚弱，家里还有弟弟妹妹，南存辉身为家中长子，扛起了养家的重担。于是，南存辉不得不辍学回家，开始了"小鞋匠"的生涯。

　　得益于父亲有一手修鞋的好本事，在父亲的指导下，从"学过一点修鞋技术"到"接过父亲手中的修鞋担子"，南存辉修鞋的手艺越来越娴熟，上街摆摊已经绰绰有余。于是人们在柳市镇的街头巷尾总能看见一个瘦小的男孩，背着一只与自己身高并不相符的大木箱。

南存辉开始摆摊修鞋时，因为年龄小长得也瘦弱，很多人怀疑这个孩子能否修好鞋，因此摊子面前的顾客特别少，一天下来挣不了多少钱。南存辉十分珍惜每位顾客，他尽己所能修补鞋子，细微之处的毛病也不放过。

不仅如此，南存辉收费也特别公道，鞋子哪里坏了修哪里，该收多少钱就收多少钱，即便是小孩子前来也绝不欺骗，真正做到了"童叟无欺"。

有一次，天气十分寒冷，父亲原本不打算让他出摊，但南存辉觉得不管天气如何恶劣都要坚持下去。于是他顶着凛冽的西北风，背着工具箱来到街头。街上冷冷清清，南存辉等了好久，终于来了一位老主顾。南存辉接过鞋就立刻开始了，但他的手早已冻得发抖，手指僵硬，好半天才能缝上一针。老主顾看着心疼，忍不住道："不着急，先暖暖手吧。"南存辉却并没有停下来，他不想耽误顾客的时间。突然，锥子一偏，锋利的锥尖深深地扎进了他的手指，鲜血立刻奔涌而出。南存辉慌乱地想要拔出锥子，但锥尖有一个倒钩，这一拔反而让它陷得更深了，他疼得眼泪直流。实在没办法，他只好先跑回家向父亲求助。父亲轻轻转动手指，一下把锥子拉了出来。南存辉顾不上仔细处理伤口，用一张破纸简单缠了一下，赶紧跑回了鞋摊，因为顾客还在等他。南存辉咬紧牙关，坚持把鞋补完了。这次鞋子修补得不好，尽管顾客表示谅解，但南存辉却不能原谅自己。

经过这次事件后，南存辉觉得自己对修鞋技艺掌握不精，于是他越发勤恳，也越发努力。渐渐地大家都知道柳市镇有个小鞋匠修鞋又快又好。口口相传之下，很多人舍近求远，专门来找他修鞋。

三年过去了，南存辉从一个不谙世事的"毛头小子"，成长为一个技艺精湛的修鞋"老手"。修鞋这一行能广泛接触各类人群，获得各种信息。他发现有一些客户，鞋子坏得比较快，而且经常三三两两地聚在鞋摊旁边，天南地北，高谈阔论，"我明天要去签合同""我明天约了一个客户"。南存辉了解到，他们是"跑供销"的，什么是"跑供销"，他逮住机会就会问。

"供销员"来了，南存辉的机会也来了。他认定做电器是他的"事业"，可当他把这一想法告诉父亲的时候，却遭到了强烈反对，因为父亲怕迎来更大的损失。但他一定要试一试，于是他约了3位朋友，在柳市镇上不起眼的角落置办了一个简易的电器柜台，从低压电器里最简单的信号按钮灯开始做起。

刚开始，为避开父亲阻拦，南存辉每天早上挑着修鞋担出门，半路却让妹妹去替他修鞋，他则跑去摆弄自己的电器去了。他们4个合伙人中，没有一个懂电器技术的，有的只是对电器生意的浓厚兴趣，以及由这种兴趣产生的对财富的渴求。南存辉把从国有企业买来的电器产品拆了装、装了拆，如此举一反三，居然成了店里唯一的"专家"。另外几位合伙人则分头采购零部件，然后组装成产品，摆上柜台销售。那时的他们像着了迷一样，基本每天一大早就开始，要忙到凌晨两三点钟才收工，但一个月下来，除去各种成本，仅仅赚了35元，每人平均不到10元。

这让另外几个合伙人非常泄气，于是纷纷打起了"退堂鼓"。但南存辉却感到意外惊喜，他觉得收入虽不高，但毕竟没有亏本。更重要的是，他看到了前景，看到了人生的另一种可能，他将这35元当成是创业获得的"第一桶金"，也是他奋斗的新起点。

1984年，正泰前身——乐清县求精开关厂成立了。那一年，南存辉21岁。求精开关厂成立之前，柳市镇已经有了很多家电器厂，大多没有意识到质量的重要性，但求精开关厂从创建之初就非常注重产品的质量。绝不生产假冒伪劣产品，

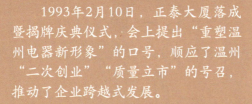
1993年2月10日，正泰大厦落成暨揭牌庆典仪式，会上提出"重塑温州电器新形象"的口号，顺应了温州"二次创业""质量立市"的号召，推动了企业跨越式发展。

是南存辉的底线。时间久了，大家都知道求精开关厂生产的产品质量可靠，也都愿意来买，工厂也终于步上了正轨，进入了良性发展的轨道。

1993年，正泰电器有限公司大厦落成，竣工典礼上，南存辉响亮地提出了"重塑温州电器新形象"的口号，"做人要正直，处事要泰然"，这便是"正泰"的由来，"正气泰然，三阳开泰"传遍了全中国，迈向了新征程。

　　"做人要正直，处事要泰然。"在南存辉的经营之道中，真正用行动诠释了这句话的生动含义。

　　正泰产品第一次走出国门时，接到一位希腊经销商 Fais 先生的订单。临近产品交付，南存辉一边走在正泰企业的走廊里，一边听下属汇报 Fais 订单的进展："Fais 先生的订单已经生产完成并通过质检，船期已经定好，现在正在装箱。"南存辉说道："走，去看看。"仓库里，质检员打开一个包装箱，南存辉取出产品细细察看，发现一只产品塑料外壳偏黄，而所有产品塑料外壳本应是白色的。南存辉拿着外壳偏黄的产品询问质量工程师："这是怎么回事？"质量工程师解释道："这批产品，按照惯例已经是合格的了。"

南存辉果断做出决定："我们的产品不仅仅是代表乐清，更代表着中国。这批货不能发，必须全部开箱重新检验。"

运输经理提醒道："重新检验会延误船期，换成空运要增加80万元运费，我们这笔订单才8万美元！"

南存辉说道"我们的品牌和信誉不只值80万元。尽管今天损失了80万元，但保住了公司的信誉。有了正泰的品牌和信誉，我们能赚回十个80万元，一百个80万元，一千个80万元！"

Fais得知了这个消息，发出感叹："这是一个可以让人信任的品牌。"

在客户信任和用户认可中，正泰品牌走向了快速发展阶段。

希腊经销商Samy Fais赠送给正泰集团董事长南存辉的定制帆船，寓意感谢与正泰同舟共济近30载，希望继续携手开创新未来。

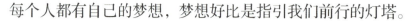

每个人都有自己的梦想，梦想好比是指引我们前行的灯塔。

在 2002 年 CCTV 中国经济年度人物颁奖大会上，主持人问获奖者南存辉有什么梦想可以分享。南存辉深情地说："我憧憬，在未来的世界电器领域里，有一个响亮的品牌来自中国，它的名字叫正泰。"

随着正泰在行业的知名度和影响力越来越大，一些跨国公司纷纷上门。早在多年前，就有一家国际巨头开出百亿元的高价意欲收购正

泰。在大是大非面前，南存辉的念头很朴素："牌子都没了，拿什么来实现产业报国呢？"就这样，他本着自信、开放、共赢的态度，坚守"不放弃自主品牌、不放弃自主创新，不放弃自主经营"的底线，让正泰品牌从浙江走向全国，从中国走向世界。

南存辉"100亿元不卖"的故事得到业界同行赞赏。这是南存辉的梦想，为了这个梦想，再苦再累，他都在不懈奋斗。

浙江正泰太阳能科技有限公司。

　　南存辉"重塑温州电器新形象"的梦想已经逐步实现。这个时候，一次特殊的"机缘"，让南存辉多了一个关于新能源的梦。

　　在2005年前后，南存辉随中国经贸考察团前往中东，中途休息的时候，考察团的领导提议正泰参与清洁能源产业。回来后，南存辉当即组织专家论证，

112

所有专家都表示赞成。当时他想的是，国家倡导干，发改委支持干，肯定是好事，应该赶紧行动起来。美国斯坦福大学有个温州籍教授叫沈志勋，当南存辉就发展风能的想法向他咨询时，他提议不如搞太阳能，太阳能取之不尽用之不竭，而且绝对环保，有着巨大的市场运用与发展空间。

　　在沈教授的热心帮助下，正泰相继请来了一批专家，雄心勃勃地干起了太阳能。2006年10月，浙江正泰太阳能科技有限公司在杭州市滨江区注册成立，正泰新能源之梦由此发端。

从辍学修鞋到"改革先锋"，南存辉的成才故事，激励了许许多多的人。如今作为优秀企业家的南存辉，却是异常低调和谦虚。在很多场合，他喜欢说起这么一句话："成熟的稻子总弯腰。"

比如，在公司内部会议上，他会拿这句话告诫经营管理层，越是有成绩，越要懂得谦虚谨慎。不要因为取得一点成绩就沾沾自喜，甚至目中无人，要像沉甸甸的田间稻穗一样，把头埋得低低的，踏踏实实做事，虚心听取别人的建议，砥砺前行。朋友聚在一起偶尔谈论成长和成熟的关系时，南存辉引用一本书上的比喻：就好比是父子下棋，儿子下赢了父亲，儿子得到了成长。儿子有意识地让父亲下赢了棋，儿子就成熟了。成熟的稻子总弯腰！这种弯腰不是示弱，它是一种胸怀，是一种精神，更是一种境界。这句朴素的话里蕴含着多么深刻的哲理啊。

"聚精会神干实业，一门心思创品牌。"在南存辉的带领下，正泰围绕实业、创新发展，已成为电力新能源的领军企业，业务足迹已遍及140多个国家和地区。但对南存辉来说，梦想永不止步、创新永不止步。2019年，正泰发布"一云两网"战略，2021年，正泰发布"数智化、碳中和"解决方案，在企业发展的每一个关键期，南存辉和正泰都紧紧把握住了时代的脉搏，行稳致远，一路向前！

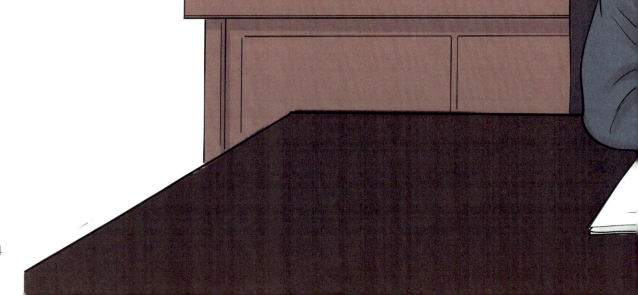

7

雷 军

乘风破浪 一往无前

图 / 小熹工作室

文 / 谭旭东 蒋宇婷

雷军于 1969 年出生在湖北仙桃的一个普通教师家庭。在教师家庭成长起来的他，成绩优异，也是一个十分骄傲的人。但无论在生活上还是学习上，他都处处"落人之后"。尽管他高考考上了湖北省最好的大学——武汉大学，但相较于同班考上的清华大学、北京大学，还是稍显逊色。

武汉大学

武汉大学源于1893年清末湖广总督张之洞创办的自强学堂，是教育部直属的综合性全国重点大学，位列"985工程"和"211工程"。建校以来，武汉大学培养了罗荣桓、雷军等优秀人才，为国家的发展建设作出了卓越贡献。

大学开学第一天，雷军就强迫自己去上晚自习。为了上课时能够坐到更好的位置听讲，早上 7 点多他就去教室占座。原本雷军有午睡的习惯，可有一天中午，他在睡梦中听到一些窸窸窣窣的声响，雷军揉了揉眼睛从床上坐起来，发现是室友们在收拾东西，雷军很好奇："你们去哪儿？"室友拍了拍手里的书包："去自习啊。"雷军陡然惊醒，他原本以为自己已经够努力了，没想到室友们比他还用功。从那天起，雷军便戒掉了午睡的习惯，中午也出去学习。刚入学那段时间，雷军一有空就去图书馆看书。雷军刻苦学习，他的成绩也直线上升，一跃成为班上的前几名。

　　刚上大一不久，雷军无意间在图书馆看到了《硅谷之火》。这本书主要讲述了乔布斯等人在硅谷的创业经历，激励了很多人，"硅谷之火"在不断蔓延，它同样点燃了青年雷军心中的火。雷军把这本书从头到尾翻看了一遍又一遍，他激动极了，在学校操场走了一圈又一圈，也是在这个时候，雷军立志要办一家伟大的公司。

"有了目标之后，不是说最后会伟大，而是每一步怎么伟大。"雷军将自己的创业目标分为了几个阶段，第一步要做什么，第二步要做什么……他都做了详细的规划。雷军的第一步规划就是——提前毕业。（武汉大学是当时国内最早实施学分制的大学之一，只要修完规定的学分就满足了毕业条件。）

	星期一	星期二	星期三	星期四	星期五
1	×××		×××	×××	
2	×××	×××	×××	×××	×××
3		×××			×××
4	×××				
5	×××			×××	×××
6		×××		×××	×××

为了完成这个目标，雷军选修了很多高年级的课程，他已经做好了课程很难的准备，没想到真正学的时候才发现，原来计算机系的很多课没有先后顺序，一起学反而能触类旁通，学得更好。当然，这很大程度上要归功于雷军的勤奋。就这样，雷军提前两年修完了所有学分，完成了毕业设计，成为武汉大学的"传奇"之一。

学分已经修完了，雷军就等着两年后拿毕业证，但这段时间怎么度过呢？

　　雷军开始了第二步规划，将理论付诸实践。雷军学的是计算机专业，可那时计算机还不普及，大家得凭票去学校机房上机。人多机少，雷军为了多上机，化身"活雷锋"，免费指导别人上机，借机就多用会儿电脑。当时武汉大学外面有一条著名的"电子一条街"，雷军一有空就去街上晃悠，免费帮人装系统、修电脑、编程序。在"网瘾少年"雷军的千方百计下，他的编程水平得到很大提高。

　　"电子一条街"
上有很多"名人",雷
军便是其中之一,也是在
这里,雷军与另一位"名人"
王全国相识了。王全国是雷军的师
兄,他和雷军一样,也是想来这里寻找更
多机会。在长期的软件交换中,二人渐渐熟悉起来。

当时市场上盗版软件横行,王全国想写一款加密软件,他找到雷军,两人一拍即合,仅用两周时间就编写出了"BITLOK"加密软件。这款软件后来卖得特别好,用友、金山等知名软件公司竞相购买,"BITLOK"也为雷军带来了人生的"第一桶金"。

"三色"是指计算机中的三原色"红绿蓝",寓意创造一个七彩新世界。

124

万事俱备，只欠东风。大四的时候，雷军和王全国等人一起创办了三色公司，正式开始创业。

　　当时汉卡在市场上十分畅销，雷军他们也打算做这个。十几平方米的出租屋里，几个年轻人晚上做开发，白天搞销售，困了就找个地方躺一会儿，睡醒了继续做。很快他们花费大量财力、精力研发的产品上市了，可惜残酷的现实给了他们一个狠狠的耳光。螳螂捕蝉，黄雀在后。一个大公司盗版了三色公司的产品，还以更低的价格售卖出去。恶性竞争下，三色公司举步维艰，最后只能解散。公司解散时雷军分到了一台电脑和一台打印机，还有一堆芯片。第一次创业就这么惨烈地失败了。

　　这次失败让雷军冷静下来，他意识到，即便作为一名程序员他已经足够优秀，但创业不是一件简单的事，没有足够的理论和实践，没有足够的积累，想要成功十分艰难。"硅谷之火"渐有颓势，但那黄沙掩埋之下的星星火种，默默蛰伏，静待重新燃放。

汉卡

　　汉卡是一种将汉字输入方法及其驱动程序固化为一个只读存储器的扩展卡。早期的计算机处理能力有限，而汉卡的使用可以有效提升计算机的速度。但随着计算机技术的发展，汉卡逐渐退出了历史舞台。

　　1991 年，雷军参加了一个计算机展览会。展会上有一个举止优雅、谈吐不凡的人，尽显大家风范，他就是 WPS 之父——求伯君。在那个年代，求伯君是很多程序员的偶像，雷军也不例外，但让他没想到的是，求伯君竟然向他抛出了橄榄枝。

　　原来雷军在"电子一条街"的那段时间，破解过很多软件，其中就有 WPS。破解完后，雷军甚至还在原有的基础上做了增强和完善。求伯君对这个破解自己软件的高手一直很好奇，碍于各种原因，迟迟没有见面的机会，这次偶然遇见，便毫不犹豫地发出了邀请。

面对偶像的邀请，雷军十分心动，他辞去原来的工作，加入了金山。雷军没有辜负求伯君这个伯乐，像写诗一样写代码是他对自己的要求。在雷军的精益求精之下，WPS 进入了飞速发展的时期。1992 年，雷军敏锐地察觉到了平静海面下的暗潮，"盘古"组件开发计划应运而生。可当微软公司带着 Word 进军中国市场的时候，"盘古"溃不成军，彻底失败了。

　　尽管"盘古"的失败不是雷军一人之错，但他每日每夜都被愧疚折磨，为了给大家一个交代，雷军向求伯君递交了辞呈。求伯君没有同意，他给雷军放了一个长达六个月的假。六个月后，一个更加沉稳的雷军回到了金山，他每天工作 16 个小时，中关村不灭的灯火，总有一盏因他而亮。

　　在雷军的带领下，金山涅槃重生，重新回到大家的视线。当金山成功上市之后，雷军 16 年的"金山旅程"终于可以功成身退了。

"站在风口上，猪都能飞起来。"可惜雷军一直没能等到属于他的风。离开金山后，雷军创办了"天使投资"，无数年轻人在雷军的帮助下，实现了自己的创业梦想，这给雷军带来许多宽慰。

从三色公司的失败到16年的金山生涯，再到创办天使投资，雷军自己的创业梦想一直没能实现。18岁时的梦想就这么放弃了吗？雷军反复问自己。他不想放弃，不想留有遗憾，哪怕粉身碎骨。

2007年，第一款iPhone发布，移动互联网之风悄然兴起。雷军知道，机会来了。40岁那年，雷军做出了创办"小米科技"的决定。一份真正属于雷军自己的事业开启了，"硅谷之火"终于重新迸发出了光芒。

天使投资

"天使投资"源于纽约百老汇，本指富有资助者为百老汇的演出进行投资，后指具有一定财富的人士对具有发展潜力的高风险初创企业进行早期的直接投资。这些投资人士被称为"投资天使"，用于投资的资本称作"天使资本"。

　　移动互联网波涛汹涌，这是一个新的机遇，可很多人没有雷军的远见。一个人做不了一个公司，雷军花了大量的时间寻找合作伙伴，因为几乎没人相信他这个疯狂的想法。据他回忆："其实不是我面试他们，是他们面试我。"有一个前来面试的人接连问了雷军几十个问题，问得他满头大汗。尽管雷军十分真诚，但2010年小米成立的时候，公司只有13个人。那一天，他们一起喝了一碗小米粥，就开始了"闹革命"。

"为发烧而生"是小米的口号，意思是要将产品做到极致。

2012 年，小米发起了一项活动，以 10 万元人民币作为奖金，向广大群众征集壁纸，1 张图 1 万元。这次活动受到了广泛的关注，最后小米团队一共征集到了 4.5 万张壁纸。公司员工从里面精挑细选了 10 张出来。可当员工将这 10 张壁纸交给雷军的时候，雷军却摇摇头说："不行。"为了寻找更好的壁纸，雷军逼着小米所有的设计师画壁纸。8 个月时间里，几乎所有的设计师都快要被逼疯了，最后也只画

出了 5 张让雷军勉强满意的壁纸。很多人难以理解此事，他们更不知道，不仅是壁纸，就连发布会的演示文稿、活动海报、手机包装盒等，也都经历过类似的"一波三折"。就拿手机包装盒举例，整个设计团队历时 6 个月，经过 30 多次结构修改，做了 1 万多个样本，才最终确定了一款精致的手机包装盒。

　　客户从看见包装盒开始，一直到打开小米手机，都能深刻感受到小米公司的用心。那种无微不至的关怀，打动着每位用户。

2015 年，小米公司的高管给雷军推荐了一个人，高管说他非常厉害！那个人的简历接近"完美"，他在一家重要的供应商工作，接手时公司一年大概只有 900 万美元的收入，但是 4 年后，收入已经达到 2 亿美元。"真的这么厉害吗？"雷军有一些好奇，他打算见一见那个人。

　　那天，雷军和面试者面对面坐着，聊得十分愉快。聊天间隙，面试者得意洋洋地说起来："我有能力把稻草卖成金条。"可他没想到，正是这句话，雷军把他拉入了黑名单。原本笑意盈盈的雷军立刻严肃起来："我们不需要欺骗用户的人，很抱歉，你可以走了。"面试者很不服气，想要争辩。雷军神情凝重："我不喜欢把稻草卖成金条的人，小米也不能成为一个坑人的公司。"面试者哑口无言，只好灰头土脸地走了。

　　每个人都能享受到科技发展带来的美好，这是雷军创办小米的愿景。在小米第一场发布会上，雷军身着黑色 T 恤、蓝色牛仔裤，穿过拥挤的人群，坚定地迈向舞台，他即将带来一个崭新的时代。当雷军揭晓手机价格的一刹那，台下响起了如雷鸣般的掌声，观众激动的呼喊持续了 3 分钟之久。比起当时市面上其他名牌智能手机动辄 5000 元、6000 元的价格，1999 元的小米智能手机完全是碾压式的价格。智能手机能从一个只有富裕家庭用得起的奢侈品，变成了普通家庭也用得起的通信、娱乐工具，雷军功不可没。

2020年时，小米已经是世界500强的企业，但很多人都忘记了，小米创办至今，只有10年而已。小米一路走来很不容易，面对这些复杂的难题，雷军发出了自己的呐喊："相信自己，一往无前"。

　　曾经在雷军的世界里，只有0和1，只有对和错，包容地看待世界，是他经过很多次失败后才学会的。"三色"的失败、"盘古"的失败、"小米"的起起伏伏，这些经历成就了今天的雷军。站在风口上，你没有积累，是飞不长久的。

　　"三分钟吃一顿饭，一天开十一个会"这是雷军多数时候的写照。很多时候他忙得没时间好好吃饭，匆匆吃个盒饭，又立马投入工作中。他还给自己制订了一个计划——走路，每天坚持走 10 千米。每天早上，雷军迎着太阳一直走，每多走一步，热爱和勇气就多一分。有人问他什么时候退休，雷军面带着微笑，乐呵呵地说："我还打算重新开始学习编程呢。"

　　创业永远在路上。雷军希望下一个十年，小米将会成为一条蜿蜒奔涌的长河，流过全球每个人的美好生活，奔向所有人向往的星辰大海。

胡 郁

让中国人工智能顶天立地

图 / 小熹工作室

文 / 谭旭东　余茂婷

1978 年，在胡郁出生不久后，父母便因工作需要调到安徽省南部，走之前将他寄养在安徽省宿州市的姑妈家。5 岁那年，父母把他接到了工作所在地上小学。因为此时胡郁年龄尚小，比较贪玩，父母为了培养他的学习兴趣，便给他订阅了《少年科学画报》和一些军事、兵器知识方面的通俗书籍，渐渐地，胡郁便成了一个"军事迷"。

　　胡郁小学时的成绩不算好，但经过了初中时期的不懈努力，最终考进了安徽省
重点中学——宣城中学。高考时，按照他曾经的意愿，应该会选择军事院校或与军
工相关的院校。但他受到了当时在中国科学技术大学就读的童年伙伴刘庆峰的影响，
对研究语音产生了浓厚的兴趣，于是便以宣城地区第一名的成绩考进了中国科学技
术大学。从本科到硕士再到博士的 9 年时间，他不仅开启了科研之路，也开启了创
业之路。

20 世纪 90 年代，尚在大学校园里的胡郁便投身于人工智能语音合成研究。那时智能语音基本都是发达国家的专利，国内鲜被关注。没有资金、设备，甚至没有成型的理论，他只能"摸着别人的石头过河"，一点一点地前进、突破。在胡郁离本科毕业还有一年时，他所在的团队交出了一份优秀的成绩单——成功研制出了我国第一台"能听会说"的中文电脑，从而获得 600 余万元的技术股权。他们成为首批拥有百万资本的在校大学生。自此，胡郁多了一个身份——安徽中科大讯飞信息科技有限公司（科大讯飞股份有限公司前身，以下简称"科大讯飞"）的研究员，从事语音合成专项技术研究。那时的胡郁有两个心愿：一是能将研发的技术转化为

三个创新

一是实现源头核心技术创新、掌握世界上最先进的核心技术的研究方法；二是实现产品创新，要将技术与用户的最终需求相结合，生产由人工智能技术驱动的产品；三是实现商业模式创新，发掘适合企业发展的模式。

产品；二是产品的所有研究和产业化都由团队自己开发。

　　对于如何走别人没走过的路，胡郁坚持三个创新——实现源头核心技术创新、实现产品创新和实现商业模式创新。创新之路很难一帆风顺，每当遇到科研难题时，胡郁总是想起老一辈科学家。那种把国家事业当成人生使命，不计得失、一心奉献的家国情怀时常激励着胡郁。

　　如今，胡郁已经在人工智能核心技术研发道路上深耕了20多年，在他看来，"今后，我们必须更加重视用自己的技术，结合广阔的市场，走出一条跟别人不一样的路"。

2013 年，胡郁提出"人工智能"的概念，并把人工智能分成运算智能、感知智能、运动智能和认知智能。这个定义后来被广泛接受，成为下一代人工智能的一个非常重要的引领性指标。随后，胡郁带领科大讯飞推出"讯飞超脑"计划，研发基于类人神经网络的认知智能系统。认知智能是人工智能的高级阶段，当时全球许多国家都在积极探索这一"无人区"。3 年后，科大讯飞承建了我国首个认知智能国家重点实验室，胡郁也和团队在此基础上做了很多尝试和突破。尽管中国不是人工智能的策源地，但在这一轮语音识别技术的竞争中，中国第一次同科技发达国家站在了同一起跑线上。

现在，"人工智能+"的时代已到来。这种背景下，人工智能改变世界的要素是核心技术、行业专家和行业大数据的"合体"。胡郁希望可以通过人工智能来为每个人赋能。未来要让人工智能像水和电一样普及，成为每个人的助手。要让每一个都能人站在人工智能的肩膀之上，而不是被时代所淘汰和颠覆。

科大讯飞已经成为国际智能语音及人工智能领军企业，引领人工智能行业实现商业化落地和生态体系建设，并积极推进创新成果的应用转化。胡郁也荣获国家科学技术进步奖二等奖、国家信息产业重大技术发明奖各两次，多次荣获省部级科技奖励，申请发明专利 210 项。有着科学家和企业家双重身份的胡郁深知，在这些耀眼的荣誉背后，从技术到产业的道路异常艰辛。

143

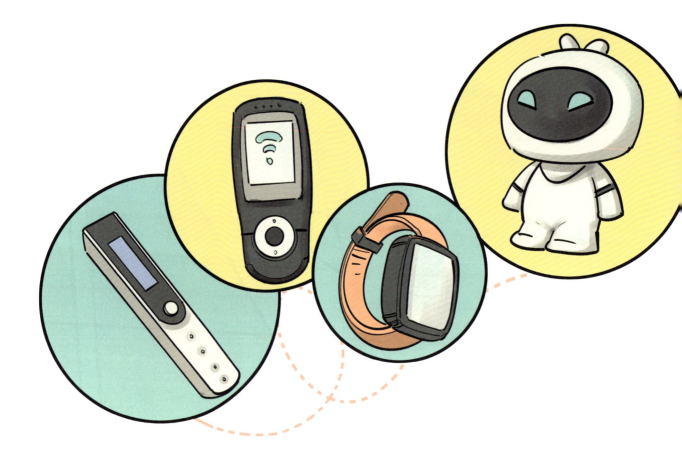

　　科大讯飞的发展理念是"顶天立地"。"顶天"指技术顶天，做世界一流技术，要满足国家战略需求；"立地"指产业立地，要满足人们的日常生活需求。科大讯飞正是在这一精神内核的指引下，一次次把最新的科技成果转化为现实生产力，并拥有源源不断的创新活力。

　　2015年，语音识别技术首次超过了人类速记员，语音合成技术在国际权威比赛中获得十四连冠，人工智能翻译系统全球首次通过翻译专业资格水平考试。然而技术上的领先并不能带来实际的效益，如何把最新的科技成果转化成现实生产力是摆在胡郁面前的一道难题。

　　经过多年的摸索，胡郁找到了打通从实验室到产业化的"最后一公里"。他整合了公司的业务板块，牵头成立了消费者事业群，开发出一个又一个面向消费者的"拳头"产品，如录音笔、翻译机、儿童手表、儿童机器人。胡郁和他的团队致力于人工智能的生态体系建设，在国内牵头建立了国家级人工智能开放创新平台，提供了超过 200 项核心能力，如文字识别和医疗听写能力，让全球开发者能够零成本、低门槛地创新创业。

　　截至 2020 年 10 月 30 日，平台上的开发者总数超过 169.1 万，累计总终端用户数超过 30.2 亿。围绕科大讯飞建立的国家新型工业化示范基地"中国声谷"吸引了超过 200 家企业入驻，在移动互联网、教育、医疗等行业取得了良好的社会效益和经济效益。

最让胡郁高兴的是年轻人幸福地讲述他们的爸爸妈妈因为胡郁及其团队研发的翻译机，能够大胆走出国门。这才是实实在在的人工智能时代红利。现在我国的人工智能技术已经位列世界前沿，但是这才刚刚开始，从基础研究、技术发展，到建立相关的伦理规范，人工智能的未来，还面临着无数挑战和变化。胡郁认为，在人工智能的研究上，学术界的理论深度还应加强，如果只停留在技术层面，不可能创造未来。

　　胡郁很注重人才的培养，他将人才培养分成三个阶段：第一阶段，科大讯飞与国内外 20 多家高校建立联合实验室；第二阶段，当他们进入科大讯飞后，通过讯飞这座无形的大学，把这些员工从程序员、工程师培养成管理者；第三阶段，对他们进行综合培养，提升科大讯飞的人才竞争力并打造人才高地。

翻译机

　　用计算机实现一种自然语言到另一种自然语言的转换。随着经济全球化进程的加快，世界各地的人们联系将越来越紧密，翻译工具成了人们学习交流的一种迫切需要。

2020 年年初，面对突如其来的新冠肺炎疫情，胡郁带领团队一方面从世界各地紧急筹措疫区紧缺的医疗物资，支持一线疫情防控；另一方面作为人工智能"国家队"，为医疗、教育、司法、政府服务、客服和运营商等，利用企业自主可控的人工智能技术和产品，助力疫情防控。还在安徽省政务服务网和"皖事通"App 开发上线了"新冠肺炎疫情防控专题"，让群众可进行自我风险评估和查询确诊患者行程，并第一时间发布疫情信息、防控通知、医疗救治定点医院信息、健康科普知识等内容。

　　除此之外，胡郁还带领团队开发"智医助理"产品，在线分析基层门诊病历，以发热、咳嗽、呼吸困难、流行病学史、影像学、血常规 6 个维度进行病历内容挖掘分析，筛选发热患者、发热伴咳嗽、呼吸困难患者、流行病学史阳性患者等。同时，研发了新冠肺炎影像辅助诊断平台，通过 4D 对比分析 + 多模态辅诊，3 秒即可完成一例新冠肺炎辅助诊断，发热门诊患者、疑似患者 CT 影像判读的准确率大大提升，为疫情防控做出了很大的贡献。

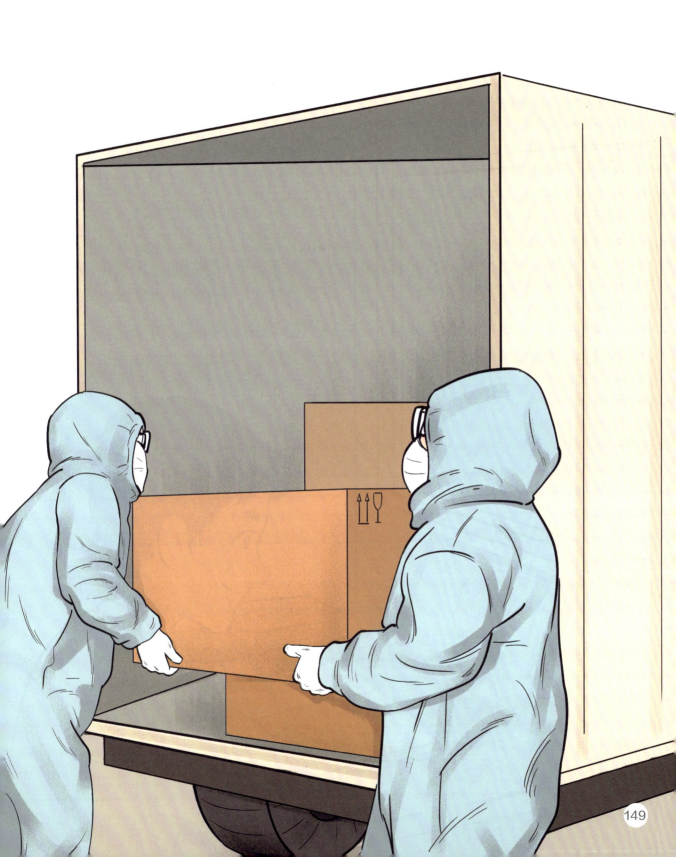

胡郁一直关注青少年的科学教育问题。他认为教育最重要的是科学素养和人文精神，只有在国民科学素质培养和人文素质修炼紧密融合的大环境下，才能培养出新一代的科学家、工程师，我们整个国家才会有更多的希望，更好地带领社会向前迈进。

2020 年新冠肺炎疫情期间，胡郁带着团队积极响应教育部"停课不停教、不停学"的号召，结合科大讯飞资源和实际应用场景，制定了"直播录播教学＋作业＋学习资源＋人工智能自主学习平台＋校信工具"的主推方案，着重满足区域教、学、管以及毕业班讲评辅导的需求，帮助国家解决

了疫情期间学生无法
集中到校学习的难题，
推动了我国教育技术的
发展。

　　胡郁积极地承担了科技工作者
的责任，为国家贡献了自己的力量。在抗
疫战场，胡郁"为社会站好岗"的使命担当，诠释了
一位科技企业家的初心和使命。

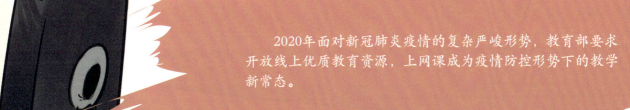

　　　　2020年面对新冠肺炎疫情的复杂严峻形势，教育部要求
开放线上优质教育资源，上网课成为疫情防控形势下的教学
新常态。

只要提到人工智能，胡郁便是一个绕不开的名字。他自 1997 年以来一直从事智能语音及人工智能核心技术研究工作，2005 年他带领团队成功研制出我国第一个普通话水平测试自动评测系统，完成了"普通话推广历史上一次重大技术革命"；2010 年在国际上率先发布了中文连续语音识别效果最优的讯飞语音云听写技术，推动中文连续语音识别技术达到了世界先进水平；2012 年发布了业界领先的新一代科大讯飞语音云；2015 年牵头科大讯飞人工智能前瞻项目——讯飞超脑计划；2017 年，带领科大讯飞承建了我国首个认知智能国家重点实验室……

　　2020 年，胡郁荣获"最美科技工作者"称号，他是"2020 年最美科技工作者"中唯一来自企业的获奖者。对于这一荣誉，胡郁低调地表示，自己只是做了一些微不足道的事情，能够获得这份荣誉，是国家对科技工作者的高度重视，科学家受尊重，创新才能蔚然成风。

读书感悟